# Chemin faisant

Paule des Rivières et Raynald Petit
Photos de Gabor Szilasi

# CHEMIN FAISANT

*Rencontres avec douze*
*personnalités inspirantes*

DEL **BUSSO**

Del Busso Éditeur
514 276-1298
www.delbussoediteur.ca

Distibution: Socadis
© Del Busso Éditeur 2016
Dépôt légal: 3e trimestre 2016
Bibliothèque et Archives nationales du Québec

Imprimé au Canada

ISBN 978-2-923792-92-7
ISBN numérique 978-2-923792-94-1

# À propos
# de ce livre

Ce projet nous est venu tout naturellement. Comme journaliste et comme publicitaire, nous avons toujours aimé les rencontres, les échanges qui permettent de comprendre les motivations de nos semblables. Mais notre démarche pour ce livre s'est avérée encore plus intéressante! Et rassurante, car, nous en sommes absolument convaincus aujourd'hui, la vie ne s'arrête pas à la retraite, ni à 80 ans, ni même à 90! Nos interlocuteurs en fournissent une preuve éclatante. Et vous savez quoi? Les personnes actives et allumées sont plus nombreuses qu'on l'imagine.

Mais comment choisir nos premiers invités? Il fallait bien sûr qu'ils soient disponibles et nous voulions autant d'hommes que de femmes. Nous avons choisi des personnes avec qui nous partageons certaines affinités et ce n'est sans doute pas un hasard si plusieurs artistes, penseurs et acteurs de changement, qui apportent leur pierre à l'édifice social, sont du groupe. Vous connaissez sans doute l'une ou l'autre des personnalités de ce recueil, mais la notoriété n'était pas pour nous un critère essentiel. Avant tout, ces personnes devaient être inspirantes.

Ces douze octogénaires partagent donc avec nous leur vie d'aujourd'hui, eux qui ne voient pas le temps passer. Ils sont rassurants pour ceux qui, dans la soixantaine comme nous, abordent cette nouvelle étape avec énergie et, pourquoi le cacher, une pointe d'inquiétude. Nous espérons que ce livre saura aussi intéresser les jeunes qui nourrissent une curiosité envers cette belle vieille jeunesse. Le grand photographe Gabor Szilasi a réalisé un saisissant album photo de ces personnalités.

Nous avons privilégié la convention de l'entrevue puisqu'elle fait bien ressortir la singularité de chacun, que l'âge n'altère en rien, comme on sait. Chacun se présente avec un bagage et des expériences diversifiés. Tous partagent leurs joies et leurs peines, sans fard, ainsi que les renoncements auxquels ils ont consenti avec le temps. Ils se livrent avec l'authenticité de ceux qui n'ont rien à vendre, rien à prouver.

*Chemin faisant* n'est donc pas un essai et il ne propose pas de recette. Reste qu'aimer et être aimé, nourrir ses passions, rêver et réaliser de petits ou de grands projets, cela reste fabuleux. Et, si le rythme a sans doute changé, la flamme, elle, continue de briller, intacte. Elle fait sauter – ou sortir tout doucement – du lit le matin.

L'avenir est certes plus court, toutefois le regard reste porté vers l'avant. L'âge ne se résume pas à un chiffre ou à une statistique. «L'un des privilèges de la vieillesse, c'est d'avoir, outre son âge, tous les âges.» C'est Victor Hugo qui le disait.

Paule des Rivières
Raynald Petit

# Remerciements

Nous tenons à exprimer notre gratitude à ceux et celles qui nous ont ouvert leur porte et leur cœur, et qui ont été si généreux lors de ces entretiens. Sans ces hommes et ces femmes, ce livre ne serait pas entre vos mains. Merci à Gabor Szilasi pour les photos et pour l'amitié que nous avons développée. Merci également à notre éditeur, Antoine Del Busso, qui, dès notre première rencontre, nous a encouragés et soutenus. Merci à son équipe également. Merci à nos enfants, frères, sœurs et amis pour leur appui chaleureux et leurs suggestions judicieuses. Des mercis particuliers à Chloé Sainte-Marie, à Yan Sénéchal et à Simon Blais, pour leur complicité.

# J'ai des milliers d'enfants
## N'waj8n8 Gass8mkwaki Aw8ssisak

# Alanis Obomsawin

*Dans l'entrée du vieil édifice de l'Office national du film, notre attention est retenue par des photos, des médailles et divers témoignages sur la carrière de la cinéaste mondialement connue Alanis Obomsawin, qui apparaît bientôt, le pas empressé, nous gratifiant de son magnifique sourire. Elle nous ouvre son bureau, un petit espace encombré, où papiers, films, tasses de thé sont disposés sans ordre apparent. On y trouve même un grille-pain! Nous sommes le 21 avril 2016.*

*Alanis Obomsawin, vous êtes la seule réalisatrice employée permanente de l'ONF, où vous faites des documentaires sur la culture et l'histoire des Amérindiens depuis 1967. Votre regard sur les communautés amérindiennes s'échelonne donc sur plusieurs décennies et, ce qui peut surprendre, il est résolument optimiste. Est-ce parce que les enfants ont toujours été votre principale source d'inspiration?*

Le rire des enfants. Les entendre crier, jouer. C'est ce que j'aime le plus. C'est le plus beau son que je puisse entendre. J'ai une fille, Kisos, mais aussi des milliers d'enfants. C'est pour eux que je vis. Les enfants sont une bénédiction.

Ce printemps, je suis allée avec une équipe de tournage à Norway House, dans le nord du Manitoba, et nous avons filmé 500 enfants de 30 écoles indiennes et métis qui jouaient du violon. Ce fut un miracle. J'étais tellement excitée. C'est la première fois que je vanterai une école indienne dans un film. Si toutes les réserves avaient une telle école, les choses iraient nettement mieux.

* * *

Lorsque j'étais enfant, mes parents ont quitté la réserve d'Odanak et ils ont déménagé à Trois-Rivières. J'ai vécu des choses épouvantables pendant plusieurs années, des choses qui laissent des séquelles. Mais, un jour, je me suis réveillée et je me suis dit que si je n'avais pas traversé ce que j'ai traversé, je ne ferais pas ce que je fais aujourd'hui. Alors, j'ai changé d'attitude, je me suis dit : Bordel, je peux presque dire merci à la misère que j'ai vécue parce qu'elle m'a enseigné des valeurs ! Cette révélation est survenue il y a quelques années à peine, ce qui me fait dire que j'apprends tout le temps.

Je n'ai pas voulu que d'autres enfants passent par où j'étais passée. J'étais la seule Indienne à l'école et mon nom était *la maudite sauvagesse sale*. Il n'y avait rien de drôle à l'école. À cette époque, la religion catholique attisait la haine et le racisme envers les Indiens. Ce qui compliquait les choses pour moi, c'est que j'avais une mère ultra-catholique. Il m'a fallu un certain temps avant de réaliser qu'il y avait quelque chose qui n'allait pas avec la religion. Puis, adulte, quand j'ai mieux compris ce qui se passait, je me suis dit : Qu'est ce que je peux faire ? Je suis devenue une guerrière à ma façon.

Je connaissais l'histoire de mon peuple – grâce à un cousin de ma mère – et je savais chanter. Alors, j'ai pris mon tambour et je suis allée dans les écoles raconter mes histoires. Je voulais que les enfants entendent une autre histoire que l'histoire officielle du Canada. Je suis rapidement devenue très en demande : Venez dans notre classe, venez dans notre école ! Je passais les récréations avec les enfants, je leur montrais des jeux. Après mon départ, les maîtresses faisaient des exercices pour voir si les élèves avaient bien compris. Comme je disais aux enfants que j'adorais les dessins, ils m'en envoyaient fréquemment, avec une ou deux phrases. Une fois, j'avais raconté qu'un vieil Indien avait pleuré. Une petite fille m'a envoyé son dessin d'un Indien qui pleurait, avec ce commentaire : Je ne savais pas que les Indiens pouvaient pleurer.

Les réactions des enfants me fascinaient. J'ai visité des centaines d'écoles à travers le pays, ainsi qu'en Europe et aux États-Unis. Dans les années soixante, j'ai commencé à faire des tournées dans les prisons, car on disait que 68 % des prisonniers étaient des Indiens et des Métis. Il y a deux ans, je suis allée présenter un film au Yukon. J'ai dit aux organisateurs : Je ne vais pas seulement aller présenter mon film, amenez-moi dans des écoles françaises, dans des écoles anglaises et aussi à la prison. On m'a répondu : Voyons, Alanis, pour aller en prison, il faut s'y prendre des mois à l'avance ! Je leur ai dit : Dites-leur que c'est Alanis. La réponse ne s'est pas fait attendre : Tu peux aller à la prison quand tu veux. Je vous le dis, je suis connue dans les prisons !

C'est mon histoire personnelle qui m'a emmenée dans les classes et c'est ce que j'ai fait de mieux dans ma vie. Je le fais encore. Je ne m'en fatiguerai jamais.

*Tous vos documentaires sont porteurs d'espoir, même s'ils mettent à jour des injustices et beaucoup de détresse, comme votre film le plus célèbre, réalisé en 1990,* Kanehsatake : 270 ans de résistance.

Je ne serais pas capable de présenter des films sans issue. Ils débouchent nécessairement sur un espoir. Comment peut-il en être autrement quand j'entends les enfants, tellement résilients, tellement courageux, tellement responsables ? Si tu écoutes un enfant au lieu de lui dire : Fais pas ça, fais ça... il va s'épanouir.

Les réactions des enfants me vont droit au cœur. Mon film *Hi Ho Mistahey*, terminé en 2013, raconte l'histoire de Shannen Koostachin, une jeune fille de 13 ans de la réserve ontarienne d'Attawapiskat, qui a entrepris en 2008 une campagne pour que sa communauté ait une école adéquate. Sa cause s'est élargie au droit de tous les Indiens à bénéficier d'écoles convenables et elle nous a conduits jusqu'aux Nations unies, à Genève. Shannen est morte en 2010 dans un accident de voiture, mais sa cause a été portée par des centaines d'enfants et d'enseignants, entre autres de la région d'Ottawa. Le film raconte tout ça.

La réserve d'Attawapiskat a son école depuis septembre 2015. Le film est sorti en trois langues et en deux formats, dont un plus court qui fait une heure. Comme plusieurs autres, ce film sert de matériel pédagogique.

Un jour, en juillet 1990, j'étais en voiture lorsque j'ai entendu à la radio que les Mohawks avaient érigé une barricade sur la route 344 pour protester contre l'expansion d'un club de golf sur leurs terres ancestrales. Je me suis rendue sur les lieux et j'ai passé 78 jours derrière les barricades, à filmer la confrontation et la vie dans la communauté. Aujourd'hui, 26 ans plus tard, un grand nombre de jeunes Indiens ne savent même pas que cette crise a eu lieu. Et c'est pour cette raison que j'ai fait ce film sur la crise (en fait, quatre films), pour que les générations à venir puissent prendre connaissance de ces événements dramatiques.

Je suis venue au cinéma par hasard. Un jour, dans les années soixante, j'étais à Odanak, c'était l'été et j'ai vu deux petites filles qui pleuraient. On est allées à la piscine de Pierreville, et on s'est fait dire : Pas de sauvages ici! J'ai dit aux enfants : On va l'avoir, nous autres aussi, notre piscine! J'ai lancé une campagne de collecte de fonds. Je croyais que ce serait facile parce que j'étais connue, mais ça a pris beaucoup plus de temps que je ne pensais. Puis, la CBC a fait un film sur mon parcours, ce qui a conduit l'Office national du film à m'interroger sur la réalité des Indiens. Je suis allée dans une réserve avec une équipe de tournage et, rapidement, j'ai compris qu'ils m'utilisaient pour entrer dans la réserve. Je leur ai dit : Je l'ai fait une fois, je ne le ferai pas deux fois. Ne me demandez plus jamais ça! J'étais inquiète : Et si les Indiens n'aimaient pas le film? Ils vont dire : C'est de ta faute, Alanis!

J'ai été pigiste pendant neuf ans. J'étais toujours à l'ONF, matin, midi et soir. Puis, j'ai commencé à faire des films fixes, qui étaient envoyés aux écoles et que les enseignants montraient à leurs élèves. Pour la première fois, ils avaient accès à la voix d'une nation, sans intermédiaire. J'ai joué un rôle clé dans ce développement. J'en suis fière. J'ai commencé avec la réserve de Manawan, en 1972. J'ai fait, avec mes collègues, sept films fixes dans lesquels je parlais avec des vieux. Je leur faisais raconter leurs histoires et leurs traditions, les canots, les raquettes, l'appel à l'orignal...

\* \* \*

Je ne crois pas que les Indiens ont la même peur de vieillir que les Blancs. Moi, j'ai 83 ans et je n'ai pas peur de vieillir. Je ne pense pas à ça. Et je suis capable de rire de moi, de ce dont j'ai l'air. Je ne pense pas à la mort.

J'aime écouter les personnes âgées. Je leur demande comment elles ont survécu aux conditions extrêmement difficiles qui étaient les leurs. Les coutumes étaient liées aux obligations et chacun avait ses responsabilités. Il y avait une certaine dignité. Quand tu entrais dans une maison, il y avait toujours un chaudron de thé sur le feu et de la galette.

Là où les anciennes coutumes ont cours, les aînés sont vénérés. Mais, avec les nouvelles technologies, la vie change. Lorsqu'il n'y avait ni eau courante ni électricité, que pouvait-on faire ? Il y avait cinq, six enfants et on écoutait les vieux raconter leurs histoires. Il n'y avait pas d'images et chaque enfant visualisait dans son imagination ce qu'on lui racontait.

Aujourd'hui, souvent, quand tu entres dans une maison, les aînés sont dans une autre pièce pendant que les enfants regardent la télévision. Ça me fait de la peine. Mais croyez-moi, dans l'ensemble, les conditions de vie se sont tellement améliorées que je peux à peine le croire. Et nous avons de grands espoirs avec le nouveau gouvernement libéral à Ottawa. Je suis tellement excitée par tous ces changements que je ne veux pas dormir. J'ai l'impression que je perds du temps, alors que je ne veux rien rater. Pensez-y! Une ministre de la Justice [Jody Wilson-Raybould] qui est indienne, qui est une femme extraordinaire. Je n'aurais jamais pensé voir ça de mon vivant.

Dans les années soixante, nous avions le «mocassin telegraph» comme nous disions. Nous nous téléphonions et nous informions de ce qui se passait d'un bout à l'autre du pays: Hé, Alanis, imagine-toi, y'a un gars qui est devenu médecin. C'est incroyable! Et nous ne parlions que de ça pendant une semaine. Avant 1952, un Indien ne pouvait pas aller à l'université à moins qu'il nie sa race. Aujourd'hui, nous avons des médecins, des juges, des avocats, des gens qui font du cinéma, de la radio, c'est incroyable! Je pense qu'il y a des centaines de milliers d'étudiants des premières nations, métis et inuits dans les écoles secondaires, les collèges et les universités. Il reste quand même de gros problèmes en éducation, des problèmes financiers ainsi que des préjugés considérables dans la manière dont nous sommes traités. Mais les progrès sont énormes.

Ma vie n'a pas véritablement changé depuis 10 ou 20 ans. Avant, je faisais de la gravure, mais je n'ai plus le temps. J'en faisais le soir, ou la nuit. Je travaille autant, sinon davantage qu'avant. Je me couche tard et je me lève tôt. Tant que j'aurai la santé, je travaillerai. Je ne suis pas une flâneuse. Il y a trois ans, j'avais cinq films en marche! Actuellement, il y a trois communautés qui attendent après moi. Il y en a une qui m'attend depuis trois ans. Il reste encore tellement d'histoires à raconter... Les communautés ont une grande soif de faire connaître leurs histoires.

Je suis en amour avec le mandat de l'Office [national du film], qui permet de donner la parole à des personnes pour que d'autres puissent se reconnaître. Nous allons bientôt déménager dans le Quartier des spectacles, dans un magnifique édifice qui a l'air d'une sculpture s'élançant vers le ciel, un hommage à tous les artistes du passé de l'ONF qui ont répertorié des faits oubliés et des histoires cachées, et qui ont été les gardiens de la mémoire de tant de peuples dans notre pays.

Aujourd'hui, je suis la seule réalisatrice employée de l'ONF. Il y a de nombreux réalisateurs, mais ils sont sous contrat. En plus, je fais des films à l'ancienne! Je ne vais jamais dans une réserve avec une caméra. J'y vais seule avec mon enregistreuse, j'écoute, afin de pouvoir saisir le fond de l'histoire, ce qui compte réellement aux yeux des gens. Je retourne ensuite avec une équipe et je leur dis : S'il y a des propos que vous regrettez, je ne m'en servirai pas. J'entends des histoires très émouvantes, certains pleurent. Je peux toujours prendre le son et l'utiliser en voix hors champ avec d'autres images. Au final, pour moi, la parole est plus importante que l'image.

J'aimerais travailler de nouveau avec les animaux. Lorsque j'étais enfant, j'avais beaucoup de rêves avec des animaux, des animaux qui n'existaient pas et qui avaient une drôle d'allure. Ils m'aidaient tout le temps. Ils me sauvaient de la réalité. Il y a 12 ans, j'ai fait

*Sigwan*, un court métrage sur une jeune fille qui va chercher du réconfort auprès des animaux de la forêt. J'aimerais creuser cette voie.

Ces histoires avec les animaux font partie de notre culture. C'est la même chose pour certains rituels. Il y a quelques semaines, je suis retournée à Odanak pour présider une cérémonie destinée à un enfant qui commençait à marcher. Nous avions abandonné ces rituels, mais deux Abénakis se sont mariés avec des Cris du Nord qui, eux, les ont conservés. Une partie de la cérémonie s'est déroulée dans un tipi traditionnel et j'ai chanté une berceuse à l'enfant. Sa grand-mère lui a donné un nouveau nom, comme le veut la coutume. Les témoins s'informeront de l'enfant tout au long de sa vie et sentiront qu'ils ont une responsabilité vis-à-vis de lui. Nous nous renforçons ainsi.

Si ma vie était à refaire, je ne peux pas dire que je ferais les choses différemment. J'ai commencé tellement en bas de la côte, le plus bas que vous puissiez imaginer. J'ai fait du mieux que j'ai pu avec ce que j'avais. J'aime ma vie. Je me trouve chanceuse de faire ce que je fais.

## Maintenir le cap

# André Chagnon

*André Chagnon nous accueille à son bureau de la Fondation Lucie et André Chagnon, au centre-ville de Montréal. Les espaces sont fonctionnels, lumineux, à la fois classiques et sobres. Nous l'avons rencontré le 22 février 2016 autour de sa grande table de réunion.*

*André Chagnon, vous êtes un grand entrepreneur. Vous avez entre autres bâti Vidéotron et vous êtes le fondateur, avec votre famille, de la plus importante fondation privée au Canada vouée à la prévention de la pauvreté par la réussite éducative. Votre rythme de travail a sans doute changé, mais la retraite, ce n'est pas tout à fait votre affaire. Trouvez-vous difficile de ne plus travailler comme avant ?*

Je viens au bureau tous les jours. Mais je suis moins engagé dans la gestion de la fondation qu'auparavant. Je suis demeuré président du conseil et c'est maintenant mon fils Claude qui est président de la fondation et responsable de sa direction. Et il est très bon. Je viens donc au bureau pour la fondation, mais deux jours par semaine sont consacrés à d'autres projets, surtout des réunions de conseils et de comités. J'ai déjà dit que je travaillerais jusqu'au bout. Pas question de prendre ma retraite avant que Lui là-haut me rappelle.

Bien sûr, aujourd'hui, grâce à tous les outils de communication, nous n'avons pas besoin d'être toujours là, physiquement. Nous pouvons travailler de partout, de la maison ou même en voiture, surtout si, comme moi, on a la chance d'avoir un chauffeur à sa disposition.

J'habite à Vaudreuil, c'est une bonne distance à parcourir. Mais je reste persuadé que rien ne pourra remplacer le besoin de rencontres et de contacts humains.

*Racontez-nous comment est né le projet de la Fondation Lucie et André Chagnon.*

Le projet remonte à 1988; j'avais 60 ans. Nous avons décidé d'investir une somme importante du patrimoine familial dans des activités de philanthropie. C'était une décision unanime de la famille. Lucie, mon épouse, nos cinq enfants (Johanne, Claude, Christian, Élaine et Isabelle) et moi, on s'est dit que dans la vie on peut changer des choses et améliorer le sort de ceux qui sont dans le besoin. Déjà, nous étions très préoccupés par les problèmes de pauvreté. Des études montraient que 25 % de la population en Amérique du Nord était pauvre. Nous voulions apporter une contribution significative à la société. Et c'est pour cette raison que nous avons créé une fiducie pour que notre projet nous survive.

Dans les documents officiels de la fiducie, nous avons défini sa raison d'être et ça ne peut plus changer. Nous avons décidé que cette mission serait la prévention de la pauvreté. C'est à la fois suffisamment large et spécifique. Les projets et les moyens d'intervention peuvent être adaptés au fil du temps, mais personne ne pourra modifier l'intention que nous avions au départ.

En octobre 2000, le produit de la vente de Vidéotron à Québecor Média nous a permis de créer un fonds de dotation de 1,4 milliard de dollars et d'assurer sa pérennité financière pour plusieurs dizaines d'années. Nous avons aussi annoncé le nom de la fiducie, de même que son plan d'intervention.

Ça n'a pas créé de tensions dans la famille. Nous nous parlons toujours et nos liens sont toujours tissés aussi serré. Plusieurs d'entre nous sont actifs dans la fondation ou dans d'autres projets semblables. Nos valeurs ont toujours été la famille et le soutien aux plus démunis. Déjà à l'époque de Vidéotron, nous étions tous engagés auprès d'organismes de bienfaisance que nous avons soutenus et parfois créés. Cela vient de loin, mes parents aussi savaient aider en leur temps.

J'ai été gâté par la vie. Ma vie avec Lucie et les enfants a été formidable. J'ai vécu de merveilleuses années en couple. Lucie est partie récemment, à 86 ans. Elle souffrait de la maladie d'Alzheimer, elle avait donc perdu la mémoire et elle n'avait plus l'usage de la parole. Mais nous avons su communiquer de façon non verbale, avec beaucoup d'amour et de tendresse, avec nos gestes et nos regards. J'ai en mémoire 65 années de beaux souvenirs. Ses cendres sont à la maison, je jase encore avec elle. Mais elle ne me répond pas plus qu'avant (sourire tendre).

Nous nous sommes connus très jeunes, Lucie avait 17 ans et moi, 19. Dès la première année de notre mariage, Lucie voulait avoir six enfants, cela me ravissait. Elle a fait une fausse couche et nous en avons élevé cinq. C'est de la joie et de l'amour pur. Développer une entreprise était, bien sûr, très exigeant et je travaillais beaucoup. Je n'étais pas très disponible pour les enfants du lundi matin au vendredi à 16 h 30, mais nous avions pris un engagement Lucie et moi : tous les vendredis soir, nous allions souper en famille à notre chalet de Val-Morin. La fin de semaine n'était complète que si nous arrivions le vendredi soir. Et contrairement à la vie à Montréal, où chaque enfant avait son groupe d'amis, au lieu de cinq groupes, il n'y en avait qu'un seul. Cela a contribué à créer des liens très forts et à développer des valeurs communes. D'ailleurs, nous célébrons dans quelques jours l'anniversaire de Christian, avec la famille au grand complet. On récolte ce qu'on sème.

*Quelle distinction faites-vous entre l'homme d'affaires et le philanthrope ?*

En affaires, on évalue la situation, on établit une stratégie et on applique ses décisions. Ensuite, on examine les résultats et on ajuste le tir au besoin pour maintenir le cap. Il est plus difficile d'évaluer des programmes en partenariat avec les organismes communautaires et le gouvernement. C'est une autre culture. Les besoins et les ressources nécessaires peuvent être bien identifiés, mais pas nécessairement les résultats ou les progrès attribuables à un projet. Pour nous, il est essentiel de mesurer les progrès à long terme. Nous voulons changer des modes de vie et des comportements. Cela prend du temps.

En philanthropie, c'est important d'être persévérant, de maintenir le cap, de ne pas s'éparpiller dans de trop nombreux projets. Il faut prendre nos décisions avec rigueur, jamais à la petite semaine, et savoir être tenace, entêté même au besoin. Les fondations, de façon générale, ne ciblent pas suffisamment leurs actions, c'est difficile alors de voir si les choses s'améliorent. On ne peut jamais tout bien faire et être partout à la fois. C'est vrai en philanthropie comme en affaires.

Je me suis toujours tenu le plus informé possible, par exemple au sujet des nouvelles technologies à l'époque de Vidéotron. C'est toujours aussi vrai aujourd'hui en matière de prévention de la pauvreté. Je consulte plein d'études, de recherches sur le terrain ici et de recherches universitaires américaines. Je veux toujours avoir des données au départ d'un projet afin de pouvoir évaluer les progrès en cours de route.

*Briser le cycle de la pauvreté, c'est tout un programme.*
*Comment intervenez-vous pour le réaliser ?*

Notre projet principal, c'est l'avenir des enfants québécois. La réussite de leur vie passe par la réussite scolaire, de la maternelle à l'école primaire, au secondaire et au cégep. Et pourquoi pas jusqu'à l'université ? Nous visons une meilleure employabilité, des emplois ou des métiers plus stables ; qu'une fois adultes ces enfants deviennent des citoyens à part entière. Ils seront ainsi des parents autonomes avec une plus grande estime de soi et leurs enfants auront aussi un meilleur avenir. Nous voulons briser le cycle de la pauvreté. Des gens actifs contribuent aussi davantage à la société et à l'économie de façon générale. C'est certain que cela prendra du temps, beaucoup d'années. Nous voulons voir plus loin, agir sur les causes au lieu de travailler sur les conséquences. Nous intervenons aussi dès la conception de l'enfant auprès des parents défavorisés et nous les accompagnons jusqu'à l'âge de 17 ans. Et c'est démontré, la courbe d'apprentissage est à son maximum de la naissance à 5 ans. Ce sont des années déterminantes et il faut agir tôt.

*Quelles sont les autres causes qui vous intéressent ?*

Les gens ne réalisent pas le travail accompli par les proches aidants. Ces membres de la famille donnent leur temps, et même une période de leur vie, pour prendre soin d'un conjoint, d'un enfant ou d'un parent en perte d'autonomie ou atteint d'une maladie dégénérative. Souvent avec peu de ressources financières, sans véritable formation autre que de savoir aimer et avec de moins en moins de soutien des services sociaux. Ces proches aidants deviennent isolés, vivent souvent un stress 24 heures par jour, parfois avec des conséquences psychologiques et physiologiques.

Marguerite Blais, lorsqu'elle était ministre responsable des Aînés, et Monique Jérôme-Forget, alors présidente du Conseil du trésor, sont venues nous proposer un projet conjoint pour les proches aidants. Nous avons dit oui. Cela a donné naissance à l'Appui pour les proches aidants d'aînés. Nous nous sommes inspirés de l'organisme Le baluchon Alzheimer, qui offre des périodes de repos et de ressourcement aux proches aidants. Il les sensibilise à leurs besoins d'équilibre personnel et les encourage à trouver l'aide dont ils ont eux aussi besoin. Nous nous sommes engagés pour une période de dix ans dans ce programme ; nous sommes maintenant à mi-parcours.

Plus récemment, à la suite de la maladie de Lucie, nous avons aussi développé des projets pour aider à prévenir la maladie d'Alzheimer. Cela préoccupe beaucoup les enfants, plusieurs membres de la famille en ont été atteints, comme bien d'autres personnes de notre génération.

\* \* \*

Je ne vous surprendrai pas si je vous dis que ma joie de vivre vient de ma famille. Et je suis gâté. C'est une famille unie et nombreuse. Pensez : 5 enfants, 16 petits-enfants et déjà 4 arrière-petits-enfants, sans compter ceux à venir et tous leurs conjoints !

Tenez, ma petite-fille Camille vient de me téléphoner : Grand-papa, il y a longtemps que je t'ai vu. Eh bien, nous mangeons ensemble ce soir ! Lucie et moi aimions beaucoup amener nos petits-enfants au théâtre ou aux concerts de l'OSM. Ce sont de beaux moments au cours desquels ils ont toute notre attention. Mon petit-fils Mathieu, un joueur de hockey, m'a fait un beau reproche récemment : Grand-papa, tu invites tout le monde, mais tu ne m'invites jamais à l'Orchestre symphonique. As-tu un préjugé ? — Mais non ! Je ne croyais pas que ça pouvait t'intéresser. Alors, bien sûr nous y sommes allés ensemble. À la fin du concert, il m'a dit : J'ai beaucoup aimé. Si tu m'invites encore, je vais venir !

Je comprends mal ceux qui décident de ne pas avoir d'enfants. Je ne sais pas quelle sorte de vieillesse ils vont avoir. On peut avoir des amis au travail, mais de véritables amis, de grands amis qui nous accompagnent toute notre vie, nous en avons habituellement très peu, trois ou quatre. Mais la famille, c'est pour la vie! Ma vie familiale me comble depuis tellement longtemps!

* * *

Aujourd'hui, je vais beaucoup au cinéma. Avec Lucie, j'ai beaucoup voyagé, jusqu'à il y a 12 ans. Nous aimions particulièrement les croisières en bateau. Je n'ai joué au golf qu'avec Lucie, des 9 trous en fin d'après-midi... l'environnement est magnifique. Autrement, je n'ai jamais cru qu'on pouvait faire des affaires au golf. Et je n'avais pas le temps.

*Vous avez l'air en forme. Vous travaillez pour la maintenir?*

J'ai perdu beaucoup de force dans mes jambes, moi qui ai tellement marché et longtemps fait du jogging. J'ai dû y renoncer à cause de problèmes de vertèbres. J'ai toujours aimé le grand air. Aujourd'hui, je vais au gym et je fais de la musculation pour renforcer mes jambes. Depuis un mois, je suis suivi par un kinésiologue qui me dit que dans deux mois, je vais me sentir jeune! Je pratique aussi la natation, c'est bon pour tous les muscles. Mon alimentation est très saine. Il y a déjà très longtemps que je suis végétarien et aujourd'hui, je mange mes aliments crus. Vous savez, les enzymes disparaissent à la cuisson. Et mon alimentation est diversifiée.

*Avez-vous des moments de colère, de déception?*

C'est inutile, les gens se fâchent pour des riens. C'est du temps et de l'énergie mal investis. Par contre, parfois, je me demande si le système capitaliste, qui a aussi ses avantages, se soucie vraiment du bien-être des gens. Il y a des études qui indiquent que certaines solutions seraient peu coûteuses pour soigner des maladies, mais comme les profits ne seraient pas au rendez-vous, on ne semble pas vouloir les implanter.

*Quel âge avez-vous dans votre tête?*

Je peux très bien accepter que j'ai 87 ans. Je ne les sens pas vraiment. Je suis chanceux, j'ai plus d'énergie que bien des gens de mon âge. Paul Desmarais disait qu'il n'y avait pas de limite d'âge pour les membres de ses conseils d'administration, tant qu'ils apportaient une contribution. Moi, j'ai la Fondation. Lorsque je n'aurai plus rien à faire, j'irai rejoindre Lucie.

## La raconteuse ratoureuse

# Antonine Maillet

*Antonine Maillet nous accueille dans son magnifique condo du centre-ville de Montréal, qu'elle habite depuis qu'elle a quitté sa maison située sur la rue qui porte son nom, à Outremont. La chaleur de son accueil nous fait oublier la froide humidité de ce matin du 6 janvier 2016.*

*Antonine – tout le monde vous appelle affectueusement ainsi, par votre seul prénom –, vous avez mis l'Acadie sur la carte avec* La Sagouine *et vous avez remporté le prix Goncourt avec* Pélagie-la-Charrette. *Tous vos ouvrages sont habités par une galerie de savoureux personnages. Ces personnages vous habitent-ils encore aujourd'hui ? Jouent-ils un rôle dans votre vie ?*

Quand je suis déménagée ici, il y a trois ans, j'ai ressenti tout un choc, car mes personnages ne m'ont pas suivie. Ils sont restés un certain temps dans le grenier de la maison d'Outremont où j'ai écrit tous mes romans et pièces de théâtre, mais ils ont fini par me rejoindre. Comment voulez-vous que je vieillisse avec tous ces gens qui m'entourent et qui sont fixés dans la vie ? La Sagouine ne vieillit pas. Mon personnage Radi, c'est l'enfant que j'ai été, et je lui parle tous les jours. Si je suis mal habillée, je lui dis : Radi, est-ce que je peux sortir de même ? J'entends ce qu'elle dirait. Je lui parle tout le temps. C'est mon coach.

Ce sont mes personnages et tout le phénomène de l'écriture, de la créativité, qui me donnent le goût de vivre jusqu'à 100 ans, peut-être davantage. Pourquoi pas 108 ? C'est un beau chiffre ! Souvent la nuit, je me réveille à quatre heures du matin, car c'est à ce

moment que j'ai les idées les plus énergiques. Trois heures plus tard, elles ne m'apparaissent pas si mauvaises, mais elles ne sont pas non plus les plus brillantes. Alors je reste au lit. Ma journée commence à sept heures. J'ai une grande discipline, mais je l'ajuste. J'écrivais cinq heures par jour, mais maintenant j'écris en général trois heures. Je remplis aussi une page ou deux de mon journal intime. Mes amis savent que le matin, c'est sacré, j'écris.

Je suis obsédée par mon prochain livre. Il me hante. Toute ma vie, j'ai attendu de faire LE livre. Chaque livre que j'ai fait était le brouillon du prochain. Je vais jusqu'où ? Là, je me demande si je suis rendue au point où j'essaie de faire LE beau livre ? C'est le dilemme de l'écrivain. Si je me dis que c'est juste un livre, je risque de faire moins bien. Si je me dis que je vais faire le livre que je devais faire, je serai peut-être meilleure.

J'aimerais faire quelque chose de différent. Mais cela fait quatre, voire cinq fois que je commence un livre. Ce n'est pas facile. Mais là, je crois que ça y est. Une voie possible prendrait la forme d'un dialogue avec Radi, toujours Radi. Cet enfant a rêvé grand. Es-tu déçue ? que je lui demanderais. Qu'attends-tu de moi ? Quels sont les rêves que tu n'as pas accomplis ?

J'ai le cerveau qui bouillonne. Je veux que tout sorte. Certains me reprochent, avec raison, d'en faire trop. C'est parfois embrouillé. C'est un cosmos. Il faut que je trouve l'essentiel dans le trop. Je cherche un certain dépouillement. Une nuit, récemment, je me suis réveillée avec un titre en tête, que je ne veux pas dévoiler maintenant, mais qui faisait référence au temps. Et une création littéraire, qu'est-ce, si ce n'est un regard posé sur le temps, dont on dégage quelque chose que personne n'a vu jusqu'à ce jour? Souhaitez-moi quelque chose de beau!

On me dit parfois que je suis un grand écrivain. Mais non, mais non. Je sais que je suis un bon écrivain. Mais je sais, moi, qui sont les grands: Molière, Proust, Shakespeare, Faulkner... Qui est-ce que je suis? La seule chose que l'on peut se dire c'est qu'on est un écrivain indispensable. Se dire ce que j'ai fait, personne d'autre ne pouvait le faire. La seule qui pouvait écrire *La Sagouine,* c'est moi. Nous sommes une mosaïque sur laquelle chacun met son petit caillou et c'est l'ensemble qui est beau. Si j'enlève mon caillou, il y a un trou. Je sais que je n'ai pas encore complété la pose de ma griffe sur la mosaïque. J'y travaille.

*Où puisez-vous toute cette énergie?*

Je suis habitée par une espèce d'urgence. Je suis continuellement en train de regarder ma montre. Parfois je me dis que c'est génétique, que c'est dans la génétique d'un peuple qui a tout le temps ressenti l'urgence de sa survie. Le peuple acadien a été déporté et caché 100 ans dans les bois, puis quand il en est sorti en

1880, les Anglais l'empêchaient d'aller voter. Alors il y a eu urgence pour nous et je crois que j'ai longtemps traîné en moi cette impatience de vivre.

Écoutez cette anecdote. Lorsque j'avais 15 ans, ma professeure était non seulement la directrice du Collège Notre-Dame-d'Acadie, mais aussi sa fondatrice. L'archevêque lui avait refusé la permission d'ouvrir un collège pour filles seulement, lui servant en guise de réponse un jeu de mots lugubre : La philosophie pour les garçons et la soupologie pour les filles ! Monseigneur, qu'elle lui répond, vous oubliez que nous sommes une communauté de droit pontifical et non diocésain, alors nous allons en appeler à Rome. Elle n'eut pas à le faire. Mais j'adore cette réponse ! Nous sommes au début des années quarante.

J'ai fait mes études avec cette femme, Jeanne de Valois, et d'autres. Vous croyez que j'ai de l'énergie ? Il fallait les voir, ces femmes ! Elles avaient été à Paris, elles avaient un grand enthousiasme et elles voulaient être aussi bonnes, sinon meilleures que les enseignantes des collèges du Québec. Le Moyen Âge, la Renaissance, le 17e, le 18e, le 19e, le 20e, j'ai tout appris. Elles nous en donnaient plutôt plus que moins. À la fin des études de baccalauréat, nous étions quatre finissantes. Jeanne nous a dit : Écoutez, si l'Acadie est encore vivante dans 50 ans, ça dépendra de vous. C'est votre génération et ce sont les femmes qui vont la faire. Elle savait que l'éducation passait par les femmes.

Dans un des livres que j'ai écrits, qui compte beaucoup pour moi, je raconte ma naissance. Le livre commence avec ces mots : « Elle voulait pas sortir. Elle avait peur de sortir. Elle était craintive d'arriver dans la vie. » Autrement dit, elle ne voulait pas vieillir, elle voulait arrêter le temps.

Et moi, je n'ai pas voulu vieillir. Les petites filles de ma génération, elles avaient hâte de grandir. Elles voulaient se maquiller, elles voulaient se marier, elles voulaient devenir femmes. Moi, je ne voulais absolument pas. Ma sœur, qui avait deux ans de plus que moi, me faisait la morale. On partageait le même lit et on discutait beaucoup le soir. Un soir – j'avais cinq, six ans –, elle me dit : Nous les femmes, on a trois choix. On peut être femmes (elle voulait dire mères de famille), vieilles filles ou religieuses. J'ai répondu : Moi je serai la quatrième chose ! Nos frères, qui étaient tous plus vieux, avaient des projets emballants : l'un voulait être explorateur, l'autre missionnaire en Afrique... Je voulais conduire la voiture comme les ti-gars. Je voulais explorer le Grand Nord, je voulais aller en Afrique.

Ça n'existe pas, qu'elle me dit. Ça existe ! Non, ça existe pas ! Elle me met au défi : Nomme-le, si ça existe ! J'ai dit : Je veux être la petite *Cendrillouse*. Cendrillouse ou Cendrilloune, c'est Cendrillon en Acadie. J'entrais dans l'imaginaire. Je préparais ma voix. À partir de ce moment, j'ai accepté de grandir, car j'en ai vu les avantages. Les études, la découverte, les voyages. Et quand j'ai découvert l'écriture, je ne voulais plus être une enfant. Mais être vieille ? Non, je n'ai jamais voulu ça... J'ai un personnage qui dit des vérités que je ne veux pas assumer, mais c'est quand même moi qui ai mis ces paroles dans sa bouche. Il dit : L'âge n'a plus d'âge à cet âge-là. Je suis dans cet âge-là.

Pendant longtemps, je refusais de devenir comme les vieilles que je connaissais, celles qui étaient dans les greniers, habillées en noir, celles qui recevaient la parenté. Les vieux, passe encore, mais les vieilles ! Et puis plus tard, lorsque j'ai connu des femmes et des hommes inspirants, comme Jeanne de Valois, comme le père Clément Cormier, qui a fondé l'Université de Moncton à un certain âge, alors là, je voulais bien vieillir comme ça.

Moi, je pensais mourir dans ma maison d'Outremont. Jusqu'au jour où une femme qui était très proche de moi et qui habitait ma maison, Mercedes Palomino, est décédée. Elle aussi, c'est un modèle. Alors qu'elle avait 90 ans, nous sommes parties elle et moi à Barcelone. Elle avait exactement 20 ans de plus que moi. Elle était née à Barcelone et elle voulait revoir sa ville avant de mourir. On a marché tout le long de La Rambla et elle était d'une vigueur extraordinaire. Je me suis dit si elle peut faire ça, je le peux aussi. Elle est morte à 97 ans. Je lui ai fermé les yeux dans ma maison. J'ai entendu son dernier soupir. J'ai vu une de ces vieillesses merveilleuses, et ça m'a inspirée. J'ai fait repeindre la maison, je l'ai fait redécorer dans le but d'y vivre jusqu'à ma mort. Puis, un soir que je montais les trois étages jusqu'au grenier parce que j'y travaillais, les genoux ont commencé à me faire mal...

Mon médecin, une femme de 50 ans, ne voulait pas me dire qu'il fallait que je songe à déménager. Elle voulait que je lui dise, moi. Alors, un beau matin, j'ai dit à un groupe d'amis : J'ai pensé qu'à 90 ans, il serait bien que je vive dans un plain-pied au lieu d'une maison à trois étages. Ou plutôt quatre, en comptant le sous-sol, où j'allais chercher mon vin. J'ai aussi mentionné que je ne voudrais plus sortir les poubelles trois fois par semaine, et déneiger la voiture. Est-ce que je trouverais le courage de déménager tous mes papiers et mes manuscrits à 90 ans ? Et voilà qu'à midi, j'étais rendue à dire : Mais pourquoi plus tard, pourquoi l'année prochaine si j'ai le goût maintenant ? Le soir, j'ai dit : Je pars ! Une fois la décision prise, tout s'est mis en branle dans les 24 heures ! Tout de suite, quelqu'un connaissait quelqu'un qui venait de déménager et qui avait eu des agents d'immeuble formidables.

J'ai assez de monde autour de moi pour satisfaire mes besoins sociaux. J'ai des amis qui préfèrent la solitude et je les respecte. Pour ma part, j'aime avoir de la compagnie. Aussi, dans ma famille, nous étions neuf, bien que je n'aie plus qu'un frère. Par contre, savez-vous combien j'ai de neveux et de nièces, petits et arrière? Au-delà de 85! Ça fait du monde, ça! Et puis tout le monde me connaît, moi... (rire). Je crois que je peux tous les nommer, mais il y en a que je n'ai pas vus encore.

* * *

Tous les matins, je fais des exercices physiques. Je fais de la natation – il y a une piscine dans l'édifice – et tous les jours je fais une quarantaine de minutes de marche. Cela fait 90 minutes d'exercice par jour. Je ne le fais pas seulement parce qu'il le faut, mais parce que j'ai le goût de le faire. J'aime nager. Et je ferais beaucoup plus si ce n'était de mes amis qui sont mes gardes du corps. Ils me mettent en garde: N'exagère pas, Antonine! Par exemple, j'ai fait du tennis jusqu'à ce que je me casse un poignet en tombant. Là, ils ont dit: Ça suffit!

À Outremont, je marchais beaucoup, à un point tel que je connaissais toutes les rues aussi bien que n'importe quel chauffeur de taxi ou d'autobus. Et ici, c'est la même chose, c'est la ville mais il y a des parcs, des galeries, des musées. Les gens me disaient: Tu vas t'ennuyer, toi, une fille de la mer. Mais pas du tout, je passe deux mois l'été à la mer et le reste du temps à Montréal.

Je conduis une Volks décapotable. Et il n'est pas question que j'arrête. Je voyage tous les ans en Acadie et parfois je traverse une forêt, seule. Alors j'achète toujours de bonnes voitures.

Je ne rate rien d'essentiel à mes yeux non plus en ville. Si je dois aller au musée Pointe-à-Callière, je prends la voiture. Je vais moins au théâtre. Je suis exigeante. Mais je ne rate jamais un Lepage. Je vais à La Tohu aussi. Ça, c'est le théâtre que j'aime, le cirque.

Vous voyez ce piano? J'ai une amie, ma très bonne amie, comme par hasard, c'est une grande pianiste. Vous ne pouvez pas savoir comme c'est beau, elle me fait pleurer. Je lui dis aussi: Prends des billets pour des concerts pour toute l'année. Mes oreilles entendent beaucoup de musique.

* * *

Le premier voyage que j'ai payé de ma poche, c'était il y a deux ans. Jusque-là, je voyageais aux frais de la princesse. J'étais invitée partout en tant qu'écrivaine. Aujourd'hui, je paie mes voyages et mes billets de théâtre et j'en suis heureuse. Je suis libre. Je suis allée à Rome et j'ai fait ce que j'ai voulu. Ce fut un de mes plus beaux voyages. J'ai les deux pieds sur terre. Et puis je peux davantage choisir mes causes. Je ne suis pas obligée de tout accepter.

Je sais qu'en Acadie, j'ai un poids. Si on me demande d'appeler le premier ministre pour intervenir, je fais mes choix et j'accepte seulement lorsque c'est important. Parfois, c'est le premier ministre qui m'appelle car il sait que je suis là. De la même façon, je suis chancelière émérite de l'Université de Moncton. Et il faudrait que je sois présente à chaque cérémonie ? Non, ce n'est pas possible. Je n'ai pas besoin de ça.

Ou encore, prenez les gens qui me reconnaissent dans la rue, ça ne me gêne pas mais ça ne me réjouit pas non plus. Je ne m'en aperçois pas, ce sont mes amis qui me le font remarquer. J'éprouve davantage de plaisir à parler avec vous, ici. Je sais que vous me comprenez. L'âge n'a pas besoin de bruit.

Par contre, ce qui m'indispose terriblement, c'est lorsque je cherche des mots. Et quand j'écris, il n'y a personne autour et je cherche des mots, des noms. Ça me dérange.

En revanche, je n'oublie jamais une date. Au point que j'énerve les gens parce que si on mentionne une date, je dis : Ah oui, il est arrivé ceci, et cela, et encore cela. L'art de vieillir, c'est aussi ça.

* * *

Je n'aime pas les ismes, catholicisme, féminisme, syn-
dicalisme. Par contre, chaque fois que l'occasion se
présente et que je peux faire avancer les choses, j'agis.
Par exemple, un jour je donne une conférence devant
1000 personnes. C'est à l'Université de Moncton et
c'est sur l'éducation. Dans la salle, que des femmes. À
la table d'honneur, 10 hommes et une seule femme,
moi, la conférencière. Tous étaient francophones sauf
un, le président de la table. Normal, c'était le premier
ministre, me direz-vous. Je commence : Monsieur le
président, messieurs de la table d'honneur et, en
regardant la salle, mesdames. Éclat de rire général. Ça
suffit.

Une autre fois, j'étais à Monaco en tant que membre
du jury du prix littéraire de Monaco. C'est un prix
prestigieux. Parmi les 16 membres du jury, il y avait
huit membres de l'Académie française, quatre prix
Goncourt et des représentants de la Suisse, de la
Belgique et du Canada. J'étais la seule femme. À ce
genre d'événement qui s'étend sur trois jours mais qui
comporte beaucoup de loisirs et de repas fastueux, les
hommes viennent avec leurs épouses. À un moment
donné, le directeur de l'événement dit : Mesdames,
veuillez passer au salon, messieurs suivez-moi. Je suis
allée au salon. Je savais qu'il ne fallait pas que j'aille là,

mais j'y suis allée, pendant qu'avait lieu la prise de la photo officielle dans une autre pièce. Mais on s'est vite rendu compte qu'il manquait un membre. Mais qui? Antonine! Tout le monde m'appelle Antonine et je l'ai voulu ainsi. On vient finalement me chercher. Mais qu'est-ce que vous faites là? Est-ce que je suis une femme ou un homme? Ils ont ri, ils ont refait la photo et ils ont compris. Au cours des années suivantes, il y a eu d'autres femmes et aujourd'hui, c'est presque la parité.

Ou encore, cette fois où l'on m'a approchée pour que je sois chancelière de l'Université de Moncton. On m'a dit: Même si vous êtes une femme, nous croyons que vous allez passer. J'avais retenu le «même si». J'ai été élue. Les femmes que j'admire, ce sont celles qui font le travail sans crier, pas avec des pancartes. Ça s'applique pour tout. Pour l'Acadie, pour l'écriture...

*La Sagouine a 45 ans. Elle a été jouée plus de 2000 fois. Parlez-nous de sa naissance.*

J'ai écrit *La Sagouine* en 1970, pour la radio. Un premier segment a été lu à Radio-Canada en octobre par un homme, un Québécois par-dessus le marché! Les auditeurs ont eu un véritable coup de cœur. J'ai donc écrit 16 émissions, dans le patois de l'Acadie, sur les réflexions de cette laveuse de planchers qui allait dans les écoles, les églises et les maisons des riches.

J'avais envoyé quelques textes à mon amie, la comédienne Viola Léger, qui était à Paris. À ma surprise, elle a été emballée. Bravo, j'arrive! Entretemps, j'ai un coup de chance. Je reçois un appel du Centre d'essai des auteurs dramatiques à qui j'avais déjà fait parvenir un texte intitulé *Les crasseux*, écrit en acadien et qu'il avait aimé. Avez-vous autre chose? J'ai une vieille dame, que je dis. Je ne savais pas que c'était du théâtre. Le Centre d'essai le fait jouer par la comédienne Monique Joly. Le fait lire plutôt, car le Centre faisait des lectures. C'était pas mal, mais Monique Joly avait dû faire des choix, et les côtés comiques et un peu pute de la Sagouine n'y étaient pas. J'étais déçue mais le public, lui, des étudiants en majorité, a marché. Un représentant de Leméac, Alain Ponteau, est aussi dans la salle. Le soir même, il téléphone à Yves Dubé, directeur littéraire chez Leméac. Demain matin, tôt, l'enjoint-il, appelle Antonine Maillet et réserve les droits. À midi, j'avais un contrat signé. Le livre sort le 23 juillet 1971, avant que la pièce ne soit jouée. J'ai dit: Il faut faire le lancement à Moncton. Il n'y avait jamais eu de lancement dans cette ville, car il n'y avait pas de maison d'édition. Et j'ai une idée. Je demande à Viola si elle peut apprendre 20 minutes de texte de la pièce.

Le jour du lancement, le metteur en scène et moi l'habillons en Sagouine et la mettons à l'abri des regards. L'événement a lieu dans la bibliothèque de l'Université et le Tout-Moncton est présent. Les gens sont en cravate. C'est distingué. Je prends la parole : Il manque une personne et c'est la Sagouine. Mais si elle venait vous ne l'accepteriez pas. (Il y a des oh et des ah de protestation dans la salle.) Elle n'aurait pas la tenue vestimentaire pour un lancement. (Nouvelles protestations.) À cet instant, Viola Léger entre, habillée en femme de ménage, en Sagouine, et se met à épousseter des livres. Et elle commence à dire son texte. (Ici, Antonine Maillet se fait comédienne et hausse la voix). J'ai les mains blanches, moi monsieur. J'ai passé ma vie les mains dans l'eau mais j'ai les mains blanches. Des gens vont la voir discrètement. Vous êtes mieux de sortir, vous reviendrez plus tard. Même le recteur est allé lui signifier qu'elle devait partir. Elle a continué à dire son texte. Puis, les gens ont commencé à dire : Mais c'est la Sagouine ! J'ai éclaté de rire. J'avais gagné ma gageure.

Au lendemain de ce coup de théâtre, la Sagouine était célèbre et moi aussi. À l'Université de Moncton, un professeur d'origine belge s'est mis à enseigner la philosophie de la Sagouine ; un sociologue a commencé à enseigner la sociologie de la société acadienne ; une linguiste, la langue de l'Acadie.

Les gens se sont identifiés à la Sagouine ; au lieu d'être une malpropre, elle est devenue une héroïne.

Aux fêtes, les gens achetaient une *Sagouine* à 1 $ comme carte de Noël, car c'était un tout petit livre. Plus de 100 0000 exemplaires ont été vendus. Et ça continue. L'Acadie s'est reconnue là-dedans parce qu'elle a accepté que cette femme représentait un peuple. Elle a son seau d'eau sale, mais ce n'est pas sa crasse à elle. Et dans son eau, elle voit briller l'étoile de l'espoir.

\* \* \*

À l'issue de notre rencontre, Raynald et moi remercions l'écrivaine de nous avoir si gentiment reçus. Ce serait à moi de vous remercier, dit-elle, car vous ne le savez peut-être pas, mais vous m'avez apporté beaucoup, en m'écoutant. Et vos conseils me nourrissent. Désolés, chers lecteurs, ces conseils doivent rester secrets ! Qu'il suffise de dire qu'ils se rapportent au prochain livre de l'auteure acadienne de 86 ans, une femme passionnée, pétillante et intensément à l'écoute de ses interlocuteurs, même lorsque c'est elle qui fait la conversation.

## Les jardins de mon père

# Claude Castonguay

C'est un homme serein et souriant qui apparaît à la porte de son appartement situé près du fleuve en ce 5 janvier 2016. Au fond du corridor, dans une pièce exigüe mais où passe la lumière, Claude Castonguay a aménagé son atelier de peinture, où il se plaît à être un « peintre du dimanche » et qu'il nous fait visiter avec une fierté un brin timide, avant de nous entraîner vers le salon.

*Vous avez eu une carrière politique riche en rebondisse-
ments et vos réalisations sont impressionnantes. Mais ce
que l'on retient de vous généralement, c'est que vous avez
été le ministre qui a créé la fameuse « Castonguette », la
carte de l'assurance maladie qui a permis l'accès gratuit
aux soins de santé. Cette image de vous est sans doute un
peu réductrice...*

Lorsque je me promène, dans la rue, au marché, les
gens viennent me saluer et continuent de me remercier pour l'accès universel aux soins de santé, 46 ans
plus tard. Ils sont gentils avec moi, comme si j'étais le
seul responsable de l'arrivée de la carte de l'assurance
maladie. Plusieurs me demandent des conseils de
santé, car ils croient que je suis médecin. Cela me fait
sourire, mais je ne me prive pas de leur prodiguer un
conseil ou deux. Je leur dis toujours : N'abusez pas de
notre système de santé ! Faites de l'exercice ! Ne vous
stressez pas inutilement !

Ma femme et moi, nous sortons faire une bonne
marche tous les jours, peu importe le temps et même
s'il fait très froid. Quant au stress, nous y travaillons.
Par exemple, nous allons bientôt donner notre maison
des Îles-de-la-Madeleine à notre fille. On y a bien

réfléchi. C'est un petit coup à donner, mais nous n'avons pas de regrets.

*Votre carrière de ministre n'aura duré que trois ans.*

C'était prévu depuis le début et c'était sans appel. En 1970, nos trois filles entraient dans l'adolescence et je voulais être présent auprès d'elles. Ma femme avait beaucoup souffert dans sa propre jeunesse des absences répétées de son papa, qui fut député à Ottawa. De sorte qu'avant même de relever le défi de succéder à Jean Lesage comme député de la circonscription de Louis-Hébert, j'avais avisé Robert Bourassa que je ne resterais pas plus de quatre ans.

L'accès aux soins de santé reste la mesure la plus populaire aux yeux des Québécois, je le constate chaque fois que l'on m'aborde dans la rue, mais je n'en étais pas conscient à l'époque. J'ai mis beaucoup plus de temps à la création du Régime des rentes du Québec, qui a mené à la mise sur pied de la Caisse de dépôt et placement du Québec.

Une chose est certaine, j'ai eu la piqûre et, comme la plupart des gens qui ont fait de la politique, je ne m'en suis jamais désintéressé. En ce moment, je suis attentivement les élections américaines, c'est extrêmement intéressant. Mais lorsque je suis arrivé à la retraite, je me suis dit que je n'allais pas penser constamment à la politique.

J'ai vu mon père vieillir, mes grands-parents, ma grand-mère paternelle, les parents de ma femme... ils étaient devenus cyniques. Ma grand-mère disait souvent: Pauvres petits enfants, dans quel monde allez-vous vivre! Nous essayons, ma femme et moi, de ne pas céder au cynisme. C'est certain qu'il y a des choses qui peuvent nous révolter. Et la vie de nos enfants va être pas mal plus difficile que celle que j'ai vécue. Ils vivent dans un monde obnubilé par la croissance économique et la frénésie de la consommation. Mais il pourrait en être autrement. En même temps, le monde va tranquillement en s'améliorant, les gens qui meurent de faim sont moins nombreux... Et le cynisme n'apporte rien de bon de toute manière.

Mimi et moi nous sommes donné comme objectif d'aspirer non pas à un détachement, mais à une certaine sérénité. On s'active beaucoup, en général, pour des choses futiles, et tant que l'on est dans le feu de l'action, on ne s'en rend pas compte. Est-ce la sagesse qui vient avec l'âge? C'est plutôt un effort pour bien profiter de la vie.

*Enfants et petits-enfants occupent une grande place dans votre vie.*

C'est pour eux que bat notre cœur. Nous avons voulu demeurer proches de nos enfants et de nos petits-enfants. Nos trois filles sont à Montréal et nous voyons beaucoup nos cinq petits-enfants également. La plus vieille a 27 ans et le plus jeune, 13. La plus jeune des petites-filles, qui est à Paris, communique presque tous les jours avec nous, sur Skype. Elle demande des recettes à ma femme. Nous discutons de tout et de rien. Ces contacts comptent beaucoup pour nous. Une de nos petites-filles qui étudie dans une université américaine est de passage à Montréal actuellement et elle vient souper ce soir avec ses grands-parents.

Il n'y a pas longtemps, la deuxième de nos filles, celle qui a un fils de 18 ans, nous a dit, dans un moment de découragement: Je pense que je vais le mettre dehors, lui. Fais jamais ça, ferme pas la porte, lui a répondu Mimi. Quelques jours plus tard, elle a téléphoné: Vous aviez donc ben raison! Je considère que nous avons un rôle à jouer, que les parents ne peuvent pas remplir parce qu'ils doivent exercer une certaine discipline. Alors que nous, nous avons plus de temps. Et surtout nous avons du recul.

Je consigne les petits et grands faits d'armes de la famille dans un journal que je tiens depuis vingt ans. À la fin de chaque année, je fais la chronique des événements significatifs qui se sont produits dans mon entourage au cours des 12 derniers mois. Je ne m'empêche pas de noter les moments forts politiques, mais ce sont essentiellement les moments heureux et les moments plus difficiles des membres de la famille que j'inscris. Avec les trois filles, souvent, une va moins bien que les deux autres. Mais ce n'est pas la même, d'une année à l'autre, ça change. Alors, ma chronique fait le rappel de tout ça en quatre, cinq pages. Cela permet de voir les agencements entre les événements, qu'on oublie avec le temps. La seule chose que je regrette, c'est de ne pas avoir commencé plus tôt. Je vais relier les cahiers et les leur remettre plus tard.

*Votre retraite, il y a 25 ans, a pris la forme d'un faux départ.*

Un faux départ ? Un cauchemar ! J'ai laissé la présidence du Groupe La Laurentienne en juin 1990, à 61 ans. Je devais voyager beaucoup, en Europe, aux États-Unis et j'en avais assez. Peu de temps avant, j'avais joué un rôle dans les débats autour de l'accord du lac Meech en regroupant des gens d'affaires favorables à l'Accord. À la fin de l'été, je reçois un appel du premier ministre Brian Mulroney. Il me dit qu'il aimerait me voir au Sénat. C'est le vendredi précédant la fête du Travail. Quand avez-vous besoin d'une réponse ? Demain, qu'il me dit. Finalement, nous convenons que je l'appellerais le lundi. Les gens que j'aurais voulu consulter étaient absents et j'ai eu de la difficulté à m'informer de ce qui se faisait au Sénat. L'homme d'affaires publiques en moi s'est laissé séduire. J'ai dit oui. Mulroney m'a demandé d'être présent dès le lendemain parce que le débat sur la TPS débutait et il s'annonçait très acrimonieux.

Le premier ministre a aussi créé un comité de la Chambre des communes et du Sénat sur la Constitution, que j'ai coprésidé. J'ai trouvé l'expérience extrêmement éprouvante. Les partis d'opposition étaient convaincus qu'il s'agissait d'une opération purement partisane et n'offraient aucune collaboration. En outre, j'avais dû plonger sans véritable préparation et j'ai trouvé ça très désagréable. Je me suis dit : Moi, je ne passe pas ma vie là-dedans ! Je retourne chez moi. Après deux ans, j'ai mis fin à ma carrière de sénateur et m'en suis trouvé très heureux, croyez-moi.

Après le Sénat, je ne dirais pas que j'ai pris ma retraite, je dirais plutôt que j'ai changé le rythme de mes activités. J'ai fait des recherches chez Cirano, un groupe de réflexion interuniversitaire sur l'économie, j'ai écrit des livres, j'ai siégé à des comités, j'ai été consultant. En fait, c'est l'équilibre entre le travail et tout le reste qui évolue au fil du temps.

Depuis que j'ai quitté la direction de La Laurentienne, j'ai continué à intervenir dans la sphère publique. En 1997, j'ai joué un rôle dans la création du régime d'assurance médicaments, avec Lucien Bouchard et Jacques Parizeau ; j'ai aussi siégé à divers comités. Aussi, depuis 2005, j'ai publié quelques ouvrages sur le

Québec, avec une attention particulière au système de santé.

J'ai eu beaucoup de temps pour lire, réfléchir. J'aimerais maintenant écrire un livre qui, au lieu de porter sur des enjeux de la société, s'attarderait aux choses de la vie quotidienne, dans lequel je livrerais mes réactions face à la vie telle que nous la connaissons. Mais je ne suis pas fixé encore.

Ma femme et moi avons progressivement réduit notre train de vie au fil des ans. La pension de La Laurentienne était bonne mais, comme elle n'était pas indexée, elle a perdu une partie de sa valeur. Nous n'avons plus qu'une seule voiture au lieu de deux, et nous faisons moins de voyages. Mais ça ne nous empêche aucunement d'avoir une vie agréable, une belle vie. Nous essayons de profiter pleinement du temps présent.

Nous nous sommes connus, il y a plus de soixante ans, dans de drôles de circonstances. Je travaillais comme actuaire dans une compagnie d'assurances à Québec, et j'avais décidé de prendre l'été pour aller voir l'Europe. Les voyages se faisaient principalement en bateau. À l'époque, en arrivant à Paris, il y avait une coutume : les Québécois allaient inscrire leur nom à l'ambassade canadienne. Un soir, on a organisé une sortie de jeunes Québécois pour aller entendre un chansonnier. Ma femme, qui était en voyage avec son père, faisait partie du petit groupe de 12 ou 13 qui s'était formé. À la fin de la soirée, on s'est retrouvés assis l'un à côté de l'autre et on a réalisé qu'on serait sur le même bateau qui repartait du Havre à la fin de l'été...

Pour souligner cet anniversaire, nous retournons à Paris, en mai. En bateau, comme en 1954. Un Cunard qui fait le trajet New York-Southampton, en Angleterre, et de là le train jusqu'à Londres, puis le tunnel vers Paris. Et on a notre petite-fille qui est là-bas et qui aimerait bien nous voir.

Lorsque je voyage, j'apporte mon appareil photo et mon cahier de croquis. De retour à la maison, je fais des tableaux, essentiellement des paysages. Je suis un peintre du dimanche, mais j'y prends beaucoup de plaisir. C'est une activité captivante qui peut être exercée à tout âge. J'essaie chaque fois d'exprimer quelque chose de différent.

Je ne fais pas de la peinture pour empiler les tableaux dans un placard. Je les donne plutôt à des organismes qui peuvent les vendre aux enchères. Ainsi, j'en donne à l'Accueil Bonneau, à l'Institut de cardiologie de Montréal et à un organisme aidant les jeunes filles victimes d'agressions sexuelles. Ça rend service et ça m'évite de trop accumuler.

\* \* \*

Le parcours de mon père m'impressionne et m'inspire. Son père à lui est mort lorsqu'il était très jeune et il a eu la charge de la famille. Il a quitté l'école très tôt. Il avait les qualités d'un intellectuel, qu'il a acquises à l'extérieur du milieu scolaire. Il aimait beaucoup jardiner. Et j'ai voulu, à la retraite, continuer cette habitude. La terrasse est assez spacieuse et on peut y mettre pas mal de choses. Je veux développer un jardin de ville, ce sera plus facile qu'aux Îles-de-la-Madeleine, où le combat contre le vent était constant.

C'est aussi mon père qui m'a initié à la lecture. J'avais sept ans lorsque j'ai lu mon premier livre, *Le tour du monde en 80 jours*, de Jules Verne. Cette histoire m'avait fasciné. Ensuite, je suis allé d'un livre à l'autre. J'ai lu beaucoup de biographies et j'ai ainsi appris qu'on pouvait changer le monde. Je n'ai jamais cessé de lire. J'ai toujours deux ou trois bouquins dans le décor. C'est une partie extrêmement importante de ma vie. Celui qui ne lit pas se prive de nouveaux horizons. Dès que je mets la main sur une bonne biographie, je ne peux résister. Avec l'âge, j'ai développé un intérêt pour les questions philosophiques. Récemment, je me suis abonné au très beau magazine français *Philosophie*.

*Vous avez 86 ans, vous aimeriez en ajouter combien ?*

Ça, je n'y pense pas. La principale incertitude, c'est la manière dont se déroulera la fin. Ma femme et moi avons signé un testament biologique sur nos directives en fin de vie. Et j'encourage tout le monde à faire de même, car cela évite des tourments à la famille et aux médecins. Pour notre part, nous ne voulons pas d'acharnement thérapeutique. Nous voulons partir naturellement. Nous espérons éviter les souffrances, comme tout le monde. Mais arrivés à cette étape de notre vie, comment réagirons-nous ? C'est peut-être plus facile à dire pendant que nous sommes bien. Comme dit Mimi : Donnez-nous la santé et on s'occupe du reste.

On a toujours l'impression d'être plus jeune qu'on ne l'est en réalité. Mais vient un temps où on a de moins en moins de marge d'erreur. Lorsque l'on est plus jeune, si l'on se trompe, on peut ajuster le tir, mais rendu où j'en suis, le droit à l'erreur est drôlement limité. Par exemple, j'ai changé d'automobile il y a un mois et je me suis dit c'est la dernière que j'achète ; alors, il faut bien choisir.

*Donner un sens à sa vie, est-ce important ?*

Je crois en un être supérieur que je ne suis pas capable de décrire. Mais je me dis que ce n'est pas possible que nous vivions dans un monde aussi ordonné, aussi complexe, aussi extraordinaire et que ce soit l'effet du hasard. Prenez l'organisme humain, les chercheurs ne sont pas encore parvenus à comprendre comment il fonctionne. C'est quelque chose qui nous dépasse. Comment cela a-t-il commencé? Si cela a commencé à un moment donné, qu'y avait-il avant?

Auparavant, les règles de la religion nous enfermaient dans des fausses certitudes. J'en sais quelque chose, car dans mon enfance, nous avions nos ayatollahs.

Aujourd'hui, c'est davantage le devoir civique qui établit les règles de la vie en société. Le fait de vivre en société nous confère des droits, mais aussi des responsabilités. La majorité des humains désirent être des citoyens responsables engagés dans la difficile marche vers le progrès et une meilleure qualité de vie. Voilà, pour moi, le véritable sens de la vie. Et je reste un irréductible optimiste. Au point où mes enfants et ma femme se moquent de moi. Par exemple, on se lève le matin et on regarde le ciel; le temps est à la pluie, prédit Mimi; je lui réponds que non, que si elle regarde bien, elle verra qu'il y a du bleu dans le ciel.

## Un grand besoin d'amour

# Clémence Desrochers

*Clémence Desrochers nous a donné rendez-vous à son tout nouveau pied-à-terre, une jolie maison de ville près du fleuve. C'est lumineux, sobre et confortable. Montréal demeure une plaque tournante pour ses spectacles et d'autres engagements. De plus, elle peut maintenant recevoir ses amis en ville comme à la campagne. Ses propos ont été recueillis les 8 et 9 avril 2016.*

*Clémence, vous serez demain soir au Patriote de Sainte-Agathe dans les Laurentides et vous entamez une nouvelle série de spectacles qui vous mènera jusqu'en avril 2017. Pourquoi continuer à donner des spectacles ? Est-ce si important pour vous ?*

Le contact avec le public, c'est ma nourriture. Je sais humblement ce que j'apporte au public, mais il me donne tellement plus en retour. En fait, je n'arrive pas à quitter la scène. Je prolonge d'une autre saison ma tournée d'adieu et parfois je repasse par les mêmes salles. Je vais donner mes spectacles tant et aussi longtemps que j'en serai capable. J'ai quand même 82 ans. Je suis fière de ce spectacle, il est doux et fou à la fois ; mes monologues sont drôles.

Les sujets de mes monologues et de mes chansons sont des thèmes universels et ne s'usent pas. Et la chanson *Je vis ma ménopause*, elle fait du bien ! Ce texte parle à toutes les femmes qui la vivent, qui l'ont vécue ou qui la vivront. Et à leurs compagnons ou amoureux. Je me suis toujours inspirée de ce que j'ai vécu, de ce que je vivais selon les époques, de ce qui se passait dans ma vie ou que j'observais autour de moi et dans la société. J'ai aussi beaucoup écrit sur la vie des gens ordinaires, leurs misères et leurs rêves.

C'était la même chose avec le texte sur comment se déshabiller comme une sœur, sans rien montrer de son corps, ou les textes *Les jaquettes d'hôpital* ou *Les centres d'écueil*. C'est mon humour, tout simplement. Je vieillis, je parle davantage de la maladie et de la mort. Je chante la mort de maman et celle de mon père. Je chante la vie et je la pleure [un petit rire triste et tendre].

Samedi 9 avril 2016, au Patriote de Sainte-Agathe

Clémence entre en scène. Plus de 650 spectateurs se lèvent spontanément et lui font une longue ovation. Pendant près deux heures, elle nous fera rire, réfléchir et frissonner. La manière est toujours là, mariant humour et tendresse, la présence est discrète et immense. Le charme de sa poésie opère toujours.

*«Ce soir, c'était une très belle salle, à l'écoute, et qui savait manifester ses émotions. J'entendais des hon! de peine, une empathie, un vécu partagé par les spectateurs après mes chansons les plus intimes, les plus tendres. Et rire aussi. Et vous avez vu le nombre de gens qui venaient m'entendre pour la première fois, c'est presque la moitié de la salle qui a levé la main lorsque j'ai posé la question. C'est étonnant et rassurant d'attirer encore un nouvel auditoire, comme ça l'est de retrouver ses fidèles.»*

*Vous voulez bien nous parler de Rose-Alma ?*

Maman était ma grande amie et parfois mon enfant. À quatorze ans, j'étais sa confidente ; sa vie n'a pas toujours été facile. Nous étions pauvres, ni la *Tribune de Sherbrooke*, où travaillait mon père, ni sa poésie n'étaient assez payantes pour faire vivre une famille de huit. Je suis la cinquième de six enfants et la dernière fille. Maman m'a toujours encouragée dans ma carrière. Entre frères et sœurs, on n'a pas la même mère ni le même père ; on n'a pas les mêmes souvenirs, on n'a pas tous vécu les mêmes choses ou les événements de la même façon. J'ai un regret, une grande peine depuis longtemps. Quand maman est morte, je n'étais pas là, j'étais sur scène en spectacle. Et personne de la famille n'était là. Dans *Élégies pour l'épouse en-allée*, mon père termine ainsi le dernier poème :

> *Nul de nous n'était là pour te fermer les yeux.*
> *Toujours discrète, tu partis...*

*Alfred Desrochers est toujours présent dans votre vie...*

Ma philosophie de la vie, c'est d'être libre de vivre sa vie, d'en faire ce que l'on veut. Personne ne doit nous dicter qui on sera. J'ai eu en sainte horreur les règles imposées par les sœurs à l'école. Tout en moi se rebiffait. Je crois qu'il faut vivre sans contrainte et sans trahison. Papa abhorrait les contraintes.

Le climat à la maison en était un de vrai bonheur et parfois de désordre. Mon père, parce qu'il avait trop bu, rentrait souvent presque au même moment où nous revenions de l'école. Il ne s'est jamais remis de la noyade de son fils à six ans. Cela a pris trois jours avant de retrouver mon frère. Je n'avais qu'un an. C'est après cet accident que mon père est devenu alcoolo. Je n'ai connu que le père désordre, pas l'homme sérieux et austère qu'il avait été. Et il avait déjà en lui, depuis longtemps, une grande tristesse.

Être la fille d'Alfred m'a faite et m'a aussi défaite. Il y avait plein de livres à la maison et beaucoup de liberté et d'amour, même s'il ne m'a jamais fait de compliment. Mon père a fait entrer la poésie dans la maison et chez moi pour toujours. Il est ma première influence. Quand il avait pris un verre de bière ou deux, il nous récitait des vers de Baudelaire, de Rimbaud et de Verlaine. Et, bien sûr, du Alfred Desrochers et du Victor Hugo, son dieu. On a baigné dans ce bel univers de la poésie. Enfant, j'avais déjà un tempérament d'artiste, comme lui. À l'école, j'étais bonne dans deux matières, la composition française et la récréation, parce que je faisais rire mes camarades. C'était déjà le début de ma carrière.

J'ai un fond de tristesse comme Alfred. J'ai un besoin fou d'amour. Le besoin de l'intensité de la scène ne me lâchera jamais. C'est pas possible comme ça me sort d'une sorte de spleen qui m'habite depuis toujours. On vit dans un monde complexe et, sur scène, de vraies gens viennent me voir et m'entendre. Tu les fais rire, tu les amènes avec toi. Toi, tu es avec eux. Il y a là des échanges très forts, un contact que tu ne retrouves pas en bas de la scène. Lorsque je fais la chanson *Maman*, un poème écrit peu après la mort de ma mère et récemment mis en musique par Ariane Moffat, je sens les frissons dans la salle.

*Parlez-nous de vos amours et de vos amitiés.*

Sans ma Louise, je ne sais pas ce que je ferais. Elle est ma vie amoureuse. Ça m'a pris un certain temps d'avant d'accepter de sortir avec elle et encore plus de temps avant que nous vivions ensemble. Je craignais la réaction du public. J'avais tort, le public est plus accueillant et généreux que l'on pense. Louise m'a attendue. Nous vivons heureuses à la campagne, un véritable havre de paix dans les Cantons-de-l'Est. Vous savez, la chanson les *Deux vieilles*, c'est notre histoire d'amour. Nous sommes ensemble depuis près de quarante ans. C'est Pauline Julien qui, un jour, m'a suggéré d'écrire sur notre amour.

Louise est aussi au cœur de ma vie d'artiste. Elle organise tout, et s'occupe de tout : la logistique, la production, les engagements... Je ne pourrais pas avoir plus grande complice ni meilleur agent. Nous nous sommes rencontrées à Québec lors de mon passage à l'émission *Chacun son tour* en 1967. Elle était réalisatrice à la télé.

Ma grande amitié avec René Jacob, qui fait partie de ma vie depuis plus de trente ans, est une chance extraordinaire. Nous sommes tous deux amants de la poésie. La poésie, vous le savez, c'est ma vie, le matériau de mes monologues et de mes chansons. Tous les matins, j'écris des poèmes et, tranquillement, je fais des livres. Avec René, l'écriture est à la fois semblable et différente. Tous les jours, nous nous faxons une lettre écrite à la main. Enfin, tous les jours où je suis à la campagne. Nous aimons entretenir cette correspondance manuscrite comme autrefois et nous la faire parvenir par télécopieur, cette antiquité de l'ère moderne. René Jacob et sa femme sont uniques, ils ne vivent que pour la lecture. Ils ont fait construire une tour à leur maison où sont bien rangés leurs livres, comme dans les films. Un gars qui écrit tous les jours, c'est rare. J'ai fait la connaissance de René lorsque mon père habitait à l'hôtel en face de sa maison.

*Vous ne faites pas qu'écrire, vous dessinez également.*

Je dessine avec autant de plaisir et d'amour que j'écris. Je ne suis pas une grande artiste, toutefois mes dessins ont quelque chose de ma poésie : une grande simplicité et de l'authenticité, je crois. C'est une autre forme d'expression. Il y a beaucoup de liberté. Mes dessins représentent des êtres chers, des choses, des moments de belle nostalgie, fixés sur papier.

J'ai participé chaque année aux expositions collectives Les Femmeuses, dont les bénéfices tirés des ventes de tableaux étaient partagés entre différents organismes venant en aide aux femmes dans le besoin. Pierre Henry était à l'origine des Femmeuses. Puis il a fondé Les Impatients, dont je suis la porte-parole depuis 24 ans. Mes dessins sont à l'encan avec les œuvres d'autres artistes et celles des Impatients eux-mêmes. Pierre était peintre et écrivain. C'était un homme d'une gentillesse et d'une bonté exceptionnelles. C'est lui qui a trouvé les noms Les Femmeuses et Les Impatients. Quels beaux noms!

J'ai eu beaucoup de bonheur à illustrer les textes des livres de mon ami René Jacob. J'ai interprété avec mes dessins dépouillés, des photos de son album de famille. Celle des noces de sa mère et de son père, par exemple. Je pense à son livre *Nos mères* et à ses 21 textes et autant de mes dessins. Ce travail en collaboration a donné lieu à une première exposition en 2010. L'année dernière, René a fait don au Musée de la civilisation de ces dessins et des textes ainsi que de ceux d'un autre livre. Le Musée a monté une exposition également. Et puis, René achète presque tous mes dessins.

Ce n'est jamais facile, la création. Ce n'est jamais simple d'exprimer un sentiment qui nous torture. Et sans cette émotion, tu n'écris pas. L'envie de créer m'habite toujours, que ce soit l'écriture ou le dessin. Créer garde vivant, très, très vivant, malgré les doutes.

*À quoi ressemblent vos moments de bonheur ?*

Je suis une amoureuse de la nature, particulièrement de la forêt. J'aime la solitude en forêt et y faire de longues marches. Je le fais régulièrement. Derrière la maison à la campagne nous avons accès directement à la forêt des moines de l'abbaye de Saint-Benoît-du-Lac. C'est merveilleux en toute saison, que je sois chaussée de bottes de marche, de skis de fond ou de raquettes. Je caresse les bouleaux, c'est doux comme une fesse. Il y a les chansons de tous ces oiseaux. Et tous les matins je fends du bois, je fais du petit bois d'allumage. J'aime ça! Puis, je le range dans la «shed à Pierrot». Ça me rappelle Pierrot, mon grand frère qui a quitté l'école à 16 ans et qui fendait le bois de chauffage à la maison.

Et puis, il y a ce fabuleux lac Memphrémagog où j'aime encore faire du kayak. Oui, oui, oui. Et ces amitiés que nous avons développées avec trois couples voisins autour du lac sont une véritable source de joie. L'amitié devient encore plus importante avec le temps.

De vraies amitiés, c'est précieux. Nous nous retrouvons souvent l'été sur une embarcation que nous appelons *La Paresseuse*, vous savez ces bateaux plats où on peut se tenir debout sans danger et s'amarrer au milieu du lac pour, justement, paresser, se baigner, manger, etc. La vue est splendide.

Bien que je conserve toujours le même poids, je suis de plus en plus frileuse. Je supporte moins bien la boisson. Certains jours, ça devient plus dur de vivre. Nous sommes tous éphémères et plusieurs amis meurent autour de nous. Je parlais de l'importance de l'amitié tantôt... Georges Hébert-Germain, un grand ami, est décédé récemment, encore jeune. Je lui avais suggéré de faire un livre sur sa famille et ses souvenirs d'enfance. Ils étaient quatorze enfants. C'est un très beau texte. Et notre grande amie Rita Lafontaine vient de nous quitter.

C'est une obsession de garder la forme. C'est une bataille constante contre le temps qui passe et je sais qu'il va gagner. Nous sommes allées quelques semaines au chaud cet hiver, en Floride. Tous les matins, peu importe le temps, je faisais des longueurs à la piscine, puis j'allais me jeter dans la mer, jouer dans les vagues. Ensuite, c'est le boyau d'eau froide pour enlever le sel, ça pique. Pour finir, je vais prendre un bain chaud. Cette cure a duré 20 jours et m'a fait du bien.

Mais oui, c'est difficile de vieillir. Moi, je ne vais pas me maquiller pour aller chercher un pain. Mais pour la photo que Gabor vient prendre tantôt pour votre livre, là je me fais maquiller quand même. *(Clémence et Gabor Szilasi se connaissent puisque tous deux sont très présents auprès des Impatients.)* Jeune, je ne savais pas que j'étais belle. J'étais sûre de moi et sans complexe à l'époque des Bozos. Entre 60 et 80 ans, ah là là! la peau se ratatine. Je reviens un moment sur nos vacances en Floride, nous sortions des cabines pour mettre nos maillots. Je dis à Louise «*I am a* squelette» et Louise enchaîne avec «*I am* un éléphant». C'est dur de voir la peau du corps flétrir. *(Paule fait remarquer à Clémence qu'elle a une très belle peau et elle ne porte pas de maquillage.)* Je me fais aider un peu, je me fais remplir les rides du visage parfois. Mais, c'est vrai, comme maman, j'ai une peau de parchemin avec de petites rides.

# Edgar Fruitier

*Edgar Fruitier est un homme pragmatique. Il nous propose de le rencontrer samedi en huit, le 19 décembre, tout de suite après son intervention à l'émission de Joël Le Bigot à la Maison de Radio-Canada. C'est dans une cafétéria endormie que nous retrouvons ce fabuleux conteur, à l'esprit aussi fin que vif.*

*Edgar Fruitier, votre nom vient immédiatement à l'esprit lorsqu'on pense à la « grande musique », que vous avez fait connaître et aimer à des générations d'auditeurs de Radio-Canada. Et si on commençait par parler de cette passion qui vous anime depuis toujours ?*

Ce que je fais dans la vie, pour gagner ma vie, c'est être comédien et parler de musique, et j'adore faire les deux ! Ce n'est pas tout le monde qui a la chance de faire un métier qu'il adore. Ce matin, je me suis levé à 5 heures pour venir présenter ma chronique sur les disques à l'émission de Joël Le Bigot *Samedi et rien d'autre*. Bien sûr que j'ai un peu grogné, c'est très tôt, mais je m'en venais parler de musique, on dirait que cela atténue tous les inconvénients de ce réveil très matinal.

On me demande souvent si j'ai deux carrières. Pour moi, c'est la même. C'est le comédien qui se sert de ses moyens d'acteur, qu'il a acquis en suivant des cours quand il était jeune, et aussi à mesure que le métier est entré, et qui se sert de tout ça pour parler de musique.

Je me souviens qu'enfant, il n'y avait pas de disques à la maison. Nous étions assez pauvres. Vous savez, à cette époque, il y avait des disques 78 tours et ils coûtaient quand même cher. Toutefois ma mère et ma

grand-mère écoutaient la radio. (Mon père est mort quand j'avais deux ans.) Je devais avoir cinq ou six ans, c'était le début de la radio de Radio-Canada. Elles écoutaient *Les chefs-d'œuvre de la musique* l'après-midi. Je trouvais cette musique tellement extraordinaire chaque fois. Et cela m'est resté.

Plus tard, comme tout jeune comédien, j'avais souvent des moments libres, j'allais donc beaucoup au concert. Vers 1954, Jean Vallerand, alors animateur d'une émission musicale à la radio de Radio-Canada, avait remarqué ma passion pour la musique et il m'a invité à son émission. Dès la semaine suivante, je suis devenu un habitué de l'émission et j'avais un second gagne-pain. C'est quand même merveilleux.

Depuis une quinzaine d'années, les occasions de partager ma passion pour la musique se sont multipliées. Les samedis matins sur Espace musique, j'ai animé en direct une émission de trois heures ; j'y commentais mes choix musicaux, tout de suite après mon intervention chez Le Bigot. Je l'ai fait quatre ou cinq ans, jusqu'à ce qu'Espace musique change de vocation et de nom. Je suis fidèle à Le Bigot, j'y fais ma chronique depuis quinze ans. J'adore faire découvrir de nouvelles interprétations de musiques des derniers siècles et du 20e siècle, de même que des opéras. Et, c'est formidable, je ne commente que la musique que j'aime.

J'ai aussi travaillé à la recherche et la sélection des œuvres musicales pour les cinq coffrets des *Grands Classiques d'Edgar*. C'est une idée de Jean-Claude Dumesnil. Plus de 250 000 exemplaires ont été vendus. C'est un succès phénoménal au Québec. Et, plusieurs mois durant, se sont ajoutées les représentations de la pièce *Edgar et ses fantômes*.

Depuis les débuts de la Maison de la culture Frontenac, il y a 27 ans, j'anime *Les lundis d'Edgar*. Six fois par année j'y présente et commente les œuvres au programme qu'interprètent des musiciens professionnels. J'aime le faire pour les gens de ce quartier. Je partage beaucoup ma passion pour la musique, comme vous pouvez le constater.

*Avez-vous parfois l'impression d'être le détenteur d'une culture qui se perd ?*

Je dirais d'abord et avant tout que je n'ai pas la prétention d'être détenteur d'une culture. Elle existe, cette culture, je la sers comme je peux, mais je n'en suis pas le détenteur. Personne, je crois, ne peut être détenteur de quelque culture que ce soit.

Est-ce que cette culture se perd ? C'est très discutable. Quand je vais à la Maison symphonique, je vois beaucoup de jeunes spectateurs aussi bien derrière l'orchestre qu'au parterre. On peut bien sûr souhaiter qu'ils soient encore plus nombreux... C'est un peu difficile pour la jeunesse de s'intéresser à la musique qui fait penser, que l'on appelle « classique ». D'ailleurs, qu'est-ce que la musique qu'on appelle « classique » ? J'ai toujours rué dans les brancards, parce que je ne trouve pas que le mot « classique » soit juste, cela nous limite tellement à une certaine période... et encore, pourquoi cette appellation ? Aucun compositeur ne qualifiait sa musique de classique. Enfin, disons « classique » quand même. C'est que cette musique sollicite la pensée, et ne peut nous parler que du temps qui passe, donc forcément de la mort qui vient.

Bien sûr, il y a eu de grands compositeurs qui, paraît-il, ont été heureux. On dit que Mozart était le musicien de l'amour, mais pas du tout. Sa musique exprime plutôt le désir sexuel, l'amour n'existait pas dans sa pensée. Bien que Mozart se soit marié avec Constance, c'était un mariage extrêmement libre et ouvert. Certes, il devait bien y avoir un certain amour, mais la sexualité extraconjugale était omniprésente dans leur vie.

Prenez les trois opéras les plus populaires que Mozart a composés sur des livrets de Lorenzo da Ponte : *Les Noces de Figaro*, *Don Juan* et *Cosi fan tutte*, qui veut dire « Elles le font toutes ». C'est véritablement le procès et la condamnation à mort de l'amour. Ce ne sont que des intrigues pour avoir des aventures sexuelles. Sauf pour Suzanne et Figaro, qui forment un très beau couple. Lorsque le comte Almaviva demande pardon à sa femme dans *Les noces de Figaro,* c'est un moment d'une splendeur musicale extraordinaire. Ce passage précis est un mouvement lent qui va précéder la joie finale, qui pour moi est à l'image de la mort.

*Votre curiosité ne se limite pas à la musique...*

Ah, ça c'est vrai que je suis curieux! Mais pas pour tout. Il y a des choses qui ne m'intéressent pas. Il faut bien avouer que nous sommes des êtres incomplets. Même à mon âge, à 85 ans, on cherche toujours à acquérir de nouvelles connaissances. Je crois qu'être curieux, c'est la plus grande des qualités que l'on puisse avoir. Il y a tellement de choses qu'on ne connaît pas.

J'ai encore la chance d'avoir toute ma tête, je crois. Le seul avantage qui existe dans le monde d'aujourd'hui, c'est qu'on peut travailler encore très longtemps malgré l'âge, si on le veut, et selon notre métier. Moi, je travaille encore, toutefois moins qu'auparavant. Lorsqu'on est comédien, les moments libres entre deux engagements deviennent plus fréquents avec l'âge. Donc, j'ai plus de temps pour la lecture et la musique.

Maintenant, j'en écoute moins. Je n'*entends* pas de la musique, je l'écoute. C'est-à-dire que c'est un véritable travail que je fais. Et c'est vraiment très exigeant. Il y a certaines œuvres, une symphonie de 40 minutes, par exemple, dont je sors épuisé et en sueur. J'y ai travaillé toutes les modulations et cherché à comprendre les choix du compositeur, la construction de la musique, les choix du chef d'orchestre...

Plus jeune, j'écoutais de la musique de dix heures le matin à dix heures le soir, avec une heure ou deux pour manger. Eh bien, je n'ai plus cette énergie. Je commence maintenant vers 14 heures, et autour de 21 heures je n'en peux plus. Pourtant Dieu sait si j'ai été heureux pendant que j'ai écouté cette musique. Mais c'est que mon corps a travaillé : mes méninges ont travaillé et cela fait partie du corps, même si on souhaite que ce soit l'esprit qui travaille.

Je lis aussi moins que je ne le voudrais, parce que j'écoute toujours beaucoup de musique. Je prépare mes chroniques du samedi chez Le Bigot. Je présente cinq disques chaque semaine. J'écoute entièrement les disques et les coffrets ; selon les œuvres, cela peut faire beaucoup d'heures. De façon générale, la sélection des disques et la préparation de ma chronique exigent un peu plus de 15 heures. Et je ne prends pas de notes, ou très rarement. J'ai cette mémoire, j'ai LA mémoire.

*Que lisez-vous en ce moment ?*

J'ai un ami qui croit que je n'aime pas les romans, et c'est vrai que ce n'est qu'une lecture de détente pour moi. Présentement, je retourne beaucoup à Montaigne. Je voudrais aussi avoir le temps de lire la correspondance et certains écrits de Voltaire. Pas ses pièces de théâtre, que je trouve injouables. J'aime beaucoup George Steiner, qui m'a accroché avec *La mort de la tragédie*, une réflexion sur le théâtre tragique que je trouve très intéressante, même si je ne suis pas toujours d'accord. C'est très enrichissant. Alors, je suis allé découvrir d'autres de ses écrits.

*Avez-vous le goût d'entreprendre de nouveaux projets ?*

C'est évident. On ne peut demander cela à un comédien sans qu'il répondre : Tous les rôles que je n'ai pas joués. Alors, oui, il y a au théâtre plein de rôles que j'aimerais jouer. On pourrait m'offrir *Le Roi Lear,* de Shakespeare, j'ai l'âge du personnage, toutefois cela demande de la force et c'est un rôle terriblement difficile.

Tenez, par exemple, un vendredi soir nous jouions *Edgar et ses fantômes* au Grand Théâtre à Québec à guichet fermé. Après la représentation, Jean-Claude Dumesnil, l'un des producteurs, m'a amené à Montréal pour que je puisse faire ma chronique à l'émission de Le Bigot le lendemain. Je suis donc arrivé chez moi vers 2 heures du matin, je me suis levé à 5 heures pour me rendre au studio 24. Après ma chronique, je suis retourné à Québec avec Jean-Claude, qui m'attendait à la porte... J'ai été content de pouvoir le faire encore à 80 ans, mais là, je n'ai plus cette énergie, je ne peux plus vivre à un tel rythme.

Je parlais de Montaigne plus tôt, je n'ai pas encore réussi à le lire au complet, puis je pense que c'est normal. Vous savez, on se jette sur Montaigne quand on est déprimé, moi je le fais à l'occasion. Je lis cinq ou six pages et je mets le livre de côté, ça m'a déjà remonté un peu. En lisant ainsi, je n'ai pas lu l'œuvre de Montaigne, et je me dis, c'est quand même un de ces écrivains, grand philosophe, qui nous apporte une leçon de vie extraordinaire, que je devrais lire au complet. Je n'y renonce pas.

Et je pense à tous mes disques que je n'ai pas encore écoutés, parce que je suis au moins 2000 disques en retard! Dans mon métier, quand un disque paraît, il faut qu'on l'ait. On ne peut pas l'écouter nécessairement tout de suite, mais il faut que j'écoute tout ça avant de partir. C'est peut-être encore possible, mais je suis plus proche de la fin qu'à 20 ans. La mort, pour moi, ce n'est pas réel, puisque quand on est mort, il n'y a rien. Je me suis mal préparé pour ça, je suis athée.

*Sentez-vous une pression sociale sur les gens de votre âge?*

Ce que je sens, c'est quelque chose que je ne mérite pas, une sorte d'admiration d'être en forme à mon âge, d'avoir la chance de pouvoir vivre de façon autonome, en somme. Cela me gêne un peu, parce que je ne trouve rien d'admirable quand je m'examine, ce que je fais à l'occasion. Mais, comme je suis myope depuis toujours... [rire].

*Vous avez toujours dit aimer la solitude.*

Oui, je cherche l'isolement. J'aime beaucoup la solitude. Mais je ne suis jamais seul, j'ai la musique! Une de mes sœurs a vécu chez moi jusqu'à sa mort, il y a douze ans. Nous vivions chacun à notre étage, sauf pour les repas. D'ailleurs, je me souviens d'un succulent dindon. Il y a une vingtaine d'années, je jouais dans *Le Dindon,* de Feydeau. Je ne sais plus qui avait décidé de diffuser une publicité à la télévision pour promouvoir la pièce. Toujours est-il qu'on avait tourné le message publicitaire dans ma cour avec une cinquantaine de dindons qui glougloutaient. À la fin du tournage, les dindons ont regagné leur place dans le camion, sauf un. Sœur Angèle l'avait gardé... pour nous. On a donc très bien mangé! Mais, depuis que je vis seul, je me nourris, je ne mange pas, je fais très mal la cuisine.

Autrement, j'ai un chat. J'avais deux chattes, elles sont mortes toutes les deux l'été dernier, cela m'a fait beaucoup de peine d'ailleurs, c'étaient deux vieilles compagnes. Et là, c'est un chat de quatre ans que j'ai adopté à la Société protectrice des animaux. J'ai pris un chat déjà adulte. À mon âge, je n'allais pas prendre un petit chat. D'ailleurs, je n'ai pas besoin de vous dire la couleur de son poil, je l'ai tout de suite appelé monsieur Le Gris.

*Vous écoutez de la musique avec des amis ?*

J'écoute volontiers de la musique dans une salle, oui bien sûr, au milieu des autres. Mais quand j'écoute des disques, j'aime vraiment être seul avec ma musique. J'en ai écouté quelques fois avec des amis, c'est très dérangeant. Ils n'écoutent pas comme moi. Même s'ils ne parlent pas, même s'ils ne font pas de bruit, je les devine. Peut-être diraient-ils la même chose de moi. Mais je sais écouter différemment. Je le sens très bien.

## Le risque de l'espérance

# Fernand Ouellette

*Souriant et chaleureux, l'air nettement plus jeune que ses 85 ans, Fernand Ouellette nous accueille dans sa bibliothèque, située à l'étage d'un duplex dont il habite le rez-de-chaussée. Après une visite des lieux, nous nous installons dans la plus grande pièce, baignée de lumière, gorgée de livres et de souvenirs, quelques œuvres d'art, des photos de Lisette, de sa famille et d'amis. C'est la pièce où il écrit ses poèmes. Nous sommes le 17 novembre 2015.*

*Fernand Ouellette, vous avez eu une belle carrière de réalisateur à Radio-Canada, vous avez connu les joies et les épreuves de la vie familiale. Vous êtes aussi l'un de nos poètes les plus reconnus et sans doute l'un des plus prolifiques. Chose plus rare encore, vous vous définissez comme croyant. Comment voyez-vous votre rapport à la poésie ? Est-ce à elle que vous devez votre jeunesse ?*

La poésie est entrée dans ma vie tout doucement, et j'ai eu la chance d'en écrire et d'en publier assez tôt. Mon dernier recueil de poèmes, *Avancées vers l'invisible*, arrive soixante ans après mon premier, Ces anges de sang. Depuis le début du nouveau millénaire, j'ai écrit plus de deux mille poèmes, c'est beaucoup... J'ai commencé à écrire ce dernier recueil en janvier 2013, et je l'ai poursuivi pendant la maladie de Lisette. Sa maladie est apparue en mai et elle est décédée à l'automne l'année suivante. Il y a 21 poèmes qui parlent expressément de sa mort. Cette écriture a été pour moi une véritable catharsis, un repoussoir du deuil.

La vie a été généreuse avec moi, je n'ai aimé qu'une seule femme toute ma vie. Lisette et moi avons été mariés près de 60 ans. Nous avons eu trois enfants et Lisette a mené une vie normale jusqu'à presque 83 ans. Les médecins lui accordaient pourtant une espérance

de vie de cinquante ans tout au plus; elle souffrait d'une malformation, mais elle a survécu à trois opérations à cœur ouvert.

Lisette a toujours été une grande complice. Elle a lu et relu tous mes poèmes. C'est la seule à l'avoir fait. Nous sommes arrivés dans cette maison cinq ans après notre mariage. J'ai adoré notre vie de couple. C'est à la librairie où travaillait Lisette que nous nous sommes rencontrés pour la première fois, en 1953. Nous nous sommes fiancés à l'église, le jour de Pâques, et mariés deux ans plus tard. Gaston Miron était à nos noces, où il est arrivé avec la critique de mon premier livre, parue dans *Le Devoir*. Maintenant, je sens un grand vide. Pour la première fois depuis mon adolescence, j'éprouve une grande solitude.

Il y a douze ans, j'ai perdu mon fils Jean. Je l'ai perdu deux fois. Nous avons été six ans sans nous voir, nous étions souvent en opposition, lui et moi. Heureusement, il voyait toujours sa mère, ses sœurs et sa nièce. Jean était diplômé en philosophie. Influencés par un de ses profs, sa femme et lui sont devenus des disciples de Raël. À 41 ans, il a réalisé que Raël était un fumiste. Il le lui a écrit avant de s'enlever la vie... Sa mère est demeurée calme; elle a dit tout doucement: Jean ne souffre plus. Mon fils me manque encore.

Mes deux filles, Sylvie et Andrée, sont très présentes, ainsi que mes quatre petits-enfants, maintenant adultes. Sylvie, l'aînée, avait jusqu'à tout récemment refusé de lire mes poèmes. Elle a fini par le faire et ça nous a rapprochés. Cette nouvelle intimité est pour moi une grande source de joie.

Andrée vient de me donner un magnifique cahier. J'écris toujours mes poèmes à la main au crayon, puis je les transcris dans leur forme définitive à l'ordinateur. J'ai pensé moi aussi lui faire un cadeau. J'écris le poème sur la page de gauche à la main, avec les ratures, et sur celle de droite la version telle qu'elle sera publiée. Une fois toutes les pages noircies, je lui remettrai le cahier. J'ai déjà écrit 27 nouveaux poèmes sur Lisette.

\* \* \*

Je suis bien entouré. Pierre Nepveu, Georges Leroux et Pierre Jasmin sont parmi mes amis, avec qui j'aime écouter de la musique. Le midi, nous nous retrouvons souvent au Biniou, le restaurant juste à côté d'ici, dont la cuisine n'a rien à envier à ceux d'Outremont!

Il y a la lumière du jour qui me porte. C'est beau et fascinant, la lumière. Elle me donne de l'énergie. Je supporte mal le temps gris; ces jours-là je me sens triste. Le lever du jour, pour moi, c'est fondamental. Le soleil, c'est l'espérance. Vous remarquerez que ce sont des thèmes très présents dans ma poésie. Et mon espérance est le fil continu, le thème véritable du plus grand nombre de mes poèmes.

Le soir du 3 octobre dernier, nous étions à la Cinquième salle de la Place des Arts pour le spectacle de Chloé Sainte-Marie *À la croisée des silences*, dans le cadre du Festival international de littérature de Montréal. Elle a chanté mon poème « Auréoler » et elle a récité « Nous ne pouvons plus reculer ». Elle l'a fait de façon magnifique, comme toujours. Chloé m'avait demandé de lire un de mes poèmes debout sur la scène, face au public. Je voulais bien lire un poème, mais pas sur scène, je préférais être assis dans la salle avec les spectateurs. Son metteur en scène a eu une très belle idée. Dans la Cinquième salle, qui est un amphithéâtre, il y a deux espaces en haut près des entrées, des loges, en quelque sorte. C'est de là-haut que j'ai lu, entouré de mes filles, le poème « Amour », écrit un mois avant la mort de Lisette. C'est le dernier qu'elle a lu.

Lentement je respire
Un chagrin calme qui avant tout
Croît en moi,
Puis vertement vire au cri.
Le cœur est ouvert,
Appelant, par endurance,
Errant dans une maison vide
Comme une mémoire effacée.

Tu t'accroches au loin à quelle étoile?
Toi qui me donnais tant d'amour à vivre
Et ton regard élargi comme la mer,
Envahissant levant.

J'ai ressenti une immense émotion lorsque la salle s'est levée pour applaudir, longuement. Cela arrive rarement, sinon jamais, dans la vie d'un poète, de lire ou de réciter un poème devant près de 450 personnes et de recevoir une telle ovation.

Chloé occupe une place privilégiée dans ma vie. Un jour, elle est venue à la maison nous faire écouter en primeur un document de travail, très avancé, des enregistrements de son album *À la croisée des silences*. Ç'a été une soirée absolument magique! Il y avait aussi Charles Binamé, Audrey Gauthier, et d'autres amis qui avaient apporté à manger et à boire. Lisette était déjà malade et encore à la maison. Sylvie, qui était là, a pleuré à l'écoute de ces poèmes mis en musique.

Mon Fernand
Je ne lis que de la poésie, mon lit est plein de livres de poésie, je dors avec mes poètes.

Les mots de Fernand me rejoignent et me touchent profondément. « Auréoler » est pour moi un chef-d'œuvre absolu. Je sais que parfois les gens pensent à Gilles [Carle] lorsqu'ils m'entendent interpréter ce poème, alors que Fernand l'a écrit à la mort de son fils.

Les mots de Fernand, dans le recueil *Présence du large*, je les ai sentis, j'y ai puisé une pulsion de libération et une transformation de la douleur en chant apaisé laissant enfin percoler l'espoir au verso de la solitude.

Fernand est omniprésent sur mon livre-album et dans mon spectacle « À la croisée des silences ». Ce spectacle est parti de Fernand Ouellette et porte son empreinte du début à la fin. Les mots de Fernand Ouellette vont me suivre jusqu'à la fin de mes jours.

Chloé Sainte-Marie

*Vous vous êtes toujours déclaré croyant, ce qui ne vous a pas empêché ni de devenir écrivain ni de faire une longue carrière à Radio-Canada...*

À 12 ans, je croyais avoir la vocation. J'ai entrepris des études classiques au Collège Séraphique d'Ottawa pour devenir père capucin. J'étais pensionnaire, bien sûr, mes parents habitaient Montréal. Deux ou trois ans plus tard, durant les vacances d'été, je suis devenu amoureux d'une cousine et, à la rentrée, j'ai dû avouer que je n'avais plus la vocation. On m'a mis dans le premier train vers Montréal. C'était fini.

J'ai eu une vie extraordinaire, je n'ai jamais eu à chercher de travail, les rencontres et les occasions se présentaient sur ma route. Des gens bons et perspicaces m'ont guidé ou embauché. Je n'ai jamais eu d'inquiétude pour le lendemain ni de souci financier, sans être riche. Même lorsque je ne savais pas ce que je voulais faire, la vie a décidé pour moi. Puis, un jour, j'ai reçu un appel de Radio-Canada et je suis devenu producteur et réalisateur d'émissions culturelles à la radio, de 1960 à ma retraite en 1991.

En fait, je n'ai jamais connu la retraite, je suis simplement devenu romancier, essayiste et poète à temps plein. Radio-Canada a été une expérience formidable. J'ai rencontré des gens hors du commun. Plusieurs de ces rencontres ont donné lieu à des essais que j'ai publiés. J'ai voyagé partout, surtout en Europe, et je suis allé régulièrement en France.

Et j'avais la chance de travailler de la maison. J'allais en studio qu'une fois par semaine pour faire certains enregistrements et terminer le montage des émissions.

Je suis demeuré croyant, et pratiquant jusqu'à ce dimanche de 1959, si je me souviens bien, alors qu'Yves Préfontaine et moi allions rencontrer Edgard Varèse à Stratford. Je n'avais pas eu le temps d'aller à la messe ce dimanche-là et par la suite je n'y suis pas retourné pendant 40 ans. Ce qui ne m'a pas empêché d'écrire un essai de 500 pages sur Thérèse de Lisieux... Contrairement à ce que certaines personnes du milieu littéraire ont laissé entendre, je n'ai jamais été un chantre de l'Église. C'est la foi qui m'anime.

J'ai renoué avec la prière et recommencé à fréquenter l'église à 67 ans. Je suis allé une première fois à la messe à la paroisse, le dimanche de la Pentecôte. Je n'ai pas apprécié le prêche du curé sur les couples en union libre, le jour de l'Esprit saint. Je m'attendais à un propos plus élevé. Aujourd'hui, pourtant, je vais à la messe tous les jours ; je me rends à pied chez les sœurs de l'Immaculée-Conception, ici pas très loin.

Cette communion et ce lieu de recueillement m'apportent une paix et une force qui me sont essentielles.

Pourtant, pour la première fois de ma vie, j'ai un doute persistant. La dernière strophe du poème « Ardeur », après la mort de Lisette, exprime mon plus grand doute, peut-être le plus grand risque de l'espérance.

Sans elle, là-haut,
Dans l'attente de ma venue,
Montant, je me serais trompé de paradis,
De présent espéré, de félicité.

Lisette a vécu sans croyance, sans Dieu. Si j'arrive au paradis et qu'elle n'est pas là, ce n'est pas le paradis. Je ne peux concevoir comment être heureux si celle que j'ai aimée toute ma vie n'est pas là. C'est quelque chose de vraiment mystérieux pour qui a la foi. Je fais face à un véritable problème théologique. Sur le plan de la pensée, pour moi, c'est une découverte. Elle ne pourrait être au ciel malgré tout l'amour qu'elle a donné et le bien qu'elle a fait toute sa vie, simplement parce qu'elle n'était pas croyante? Mais, je suis humain et comme croyant je dois faire confiance à Dieu, sinon à qui?

Je suis porté par l'espérance. Je suis resté un peu adolescent au fond, je crois. Parfois, j'ai l'impression d'avoir 15 ans. Je vais vous montrer une photo de moi prise alors que j'avais 18 mois. J'y vois une telle puissance, un intense désir de vivre. J'ai écrit beaucoup de poèmes devant cette photo. Même s'il m'arrive de penser que j'ai tout dit, je sais que je vais encore écrire. Je veux faire un livre sur le Christ. Et il y aura encore des poèmes lyriques et intimistes. Je vis toujours de ce qui s'en vient et de ce que je peux faire aujourd'hui.

## L'héritière du Refus global

# Françoise Sullivan

*Françoise Sullivan nous accueille dans son immense atelier, à Verdun. Avant notre visite, elle a pris soin de faire un grand ménage et a demandé à l'un des ses fils d'accrocher les tableaux qu'elle avait exposés peu de temps auparavant à la galerie Simon Blais. L'espace est lumineux et nos chaises ont été orientées de manière à ce que nous soyons dans un sillon de lumière. Nous l'avons rencontrée le 7 avril 2016.*

*Françoise Sullivan, votre nom est associé au Refus global et l'on sent que cette époque vous donne votre élan, encore aujourd'hui. Pourtant, vous êtes bel et bien de votre temps, comme en témoigne la reconnaissance dont vous bénéficiez. Vos œuvres ont été exposées, notamment au Musée des beaux-arts de Montréal, et encore cet hiver, la galerie Simon Blais accueillait vos œuvres plus récentes, dont plusieurs grands formats. À 91 ans, ce n'est pas un mince accomplissement.*

Oui, j'ai cet héritage qui est aujourd'hui un art de vivre. Mes repères sont les mêmes qu'à l'époque : il faut travailler beaucoup et rester le plus près possible de la vie.

Presque tous les matins, je prends ma voiture et je viens ici à l'atelier. Continuer à peindre, voilà ce qui est important pour moi. J'ai une plate-forme sur laquelle je peux me jucher pour atteindre le haut d'une toile, lorsque c'est nécessaire.

La danse et les chorégraphies que j'ai créées m'accompagnent également. À la fin du mois de janvier, j'ai été invitée à Regina, avec le chorégraphe Paul-André Fortier et ma danseuse, Ginette Boutin, avec qui je travaille depuis trente ans. Un musée a exposé mes toiles et j'ai présenté trois de mes chorégraphies. Aussi, il y a

quelques années, Ginette et moi sommes allées à Toronto pour y remonter plusieurs de mes chorégraphies, dont *Dédale*, *Black & Tan* et *Je parle*.

Ginette vient parfois au studio, nous écartons les meubles et elle danse. Je la guide avec des gestes. Pour ma part, j'aimerais danser encore, mais je n'ai plus la technique. Il y a encore deux ans, j'aurais pu exécuter quelques pas pour vous. Je ne danse plus, mais j'ai continué à créer des chorégraphies. Ce qui me rend heureuse, c'est lorsque des danseurs me disent que j'ai eu une influence sur leur parcours. Récemment, j'ai vu de magnifiques spectacles de danse, sur des chorégraphies de Louise Bédard, de Lucie Grégoire et de Paul-André Fortier.

Je vois parfois d'anciens étudiants désireux de me montrer leur travail et cela me rend heureuse s'ils sont devenus de bons artistes. J'ai donné un cours sur la peinture abstraite et le modernisme à l'Université Concordia jusqu'en 2010. J'ai adoré ça. Mais j'aime bien aujourd'hui être libre d'aller à l'atelier tous les jours.

*Votre passion pour les arts a des racines profondes...*

J'ai vagabondé à l'intérieur même des arts – j'ai fait de la danse, de la chorégraphie, de la sculpture et de la peinture – et je me nourris de cette passion depuis l'enfance. Mes parents m'ont encouragée dans cette voie, d'autant plus que j'étais la seule de la famille à afficher des penchants artistiques. J'avais quatre frères, mais j'étais en même temps une enfant unique, gâtée et désirée. La seule fille. Mes frères avaient dix ou quinze ans de plus que moi.

Dans ce temps-là, les filles allaient au couvent français et parlaient le français à la maison, alors que les garçons s'inscrivaient au *high school* pour apprendre l'anglais. On avait peur qu'ils n'aient pas de travail s'ils ne maîtrisaient pas l'anglais. Mes frères avaient donc une autre mentalité que la mienne. En plus, ils étaient de grands sportifs ; j'étais la seule artiste. Et pas du tout sportive.

J'ai approfondi le dessin avec mes tantes qui faisaient de la peinture, dont une qui était religieuse au couvent de Hochelaga, où je me rendais en tramway le samedi matin. Et les jeudis après l'école, je suivais un cours d'histoire de l'art ; nous sommes allés jusqu'aux impressionnistes.

De mon père, j'ai appris à aimer la poésie. J'en ai un souvenir d'été très vivace. Dans mon enfance, nous allions à la campagne, de l'autre côté du lac Saint-Louis, à Woodlands, près de Châteauguay. Le soir, après le souper, mon père aimait aller parler avec un homme qui tenait un petit restaurant. Il s'achetait peut-être un cigare, et une glace pour moi. Lors d'une de ces belles soirées de juillet, claire et magnifique, il me prend par la main, je devais avoir quatre ou cinq ans, il me dit : « Mignonne allons voir si la rose, qui ce matin avait déclose sa robe de pourpre au soleil... » Tout le poème de Ronsard! C'était un homme comme ça! J'ai grandi avec la poésie dans ma vie.

Aujourd'hui, lorsque j'ai des moments d'insomnie, je me récite des poèmes. C'est le moment idéal. Sans lumière. Je les redis pour m'en souvenir.

*Vous êtes disciplinée...*

Je ne sais pas. Oui et non. Il y a des choses qu'il faut faire. De la spontanéité? Il y en a. Pour ce tableau rouge, que vous voyez sur le mur, j'avais une idée en tête, mais ce n'est pas ce qui est arrivé, et ça me plaît. J'essaie de laisser pénétrer les émotions. J'aime travailler tous les jours. C'est une forme de discipline, je suppose, mais c'est à ce moment-là que je me sens le mieux.

*... et vous aimez rester en forme!*

Je me néglige un peu en ce moment. Je fais des marches, mais pas très grandes. Longtemps j'ai fait une série de petits exercices de danse. J'ai aussi essayé d'aller au YMCA, mais j'ai trouvé ça beaucoup trop ennuyant. Lorsque je peins, je bouge tout le temps. La peinture, c'est bon pour la santé!

*Quelles sont vos autres sources de joie ?*

Les amis. Beaucoup d'amis sont partis ; il n'en reste pas beaucoup de mon âge, mais j'ai de nombreux amis plus jeunes. Ce sont surtout des personnes dans le domaine des arts, mais pas nécessairement des artistes. Et mes enfants, quatre garçons qui sont charmants. Nous sommes proches. Je ne réalise pas toujours qu'ils ne sont plus des enfants. Et j'ai deux petits-fils. Il n'y a pas beaucoup de filles dans la famille...

L'amour. Ah, quelle grande chose ! Mais je suis une femme secrète...

La nature occupe également une grande place dans ma vie. L'été, je vais à mon chalet dans les Laurentides et j'aime me baigner dans la rivière Rouge. Je travaille sur mon terrain, je fais des choses dans le jardin.

Surtout, j'ai un atelier et je peins. Je crois qu'on peut réaliser des œuvres significatives tout au long de sa vie. Si certains artistes réalisent leurs œuvres les plus importantes au cours de leurs années de jeunesse, d'autres les réalisent à un âge mûr. Cézanne et Matisse en sont deux magnifiques exemples.

\* \* \*

La profonde remise en question de l'art visuel survenue dans les années soixante, lorsque des artistes et des philosophes disaient que faire de la peinture était une activité désuète, m'a bousculée. J'étais désemparée. J'ai décidé d'aller voir les œuvres de l'Arte povera à Rome [ce mouvement, lancé à Rome et à Turin à la fin des années soixante, regroupait des artistes rejetant les codes de l'industrie culturelle et la société de consommation. Ils utilisaient des produits pauvres pour composer leurs œuvres, comme du bois, de la terre, des chiffons, etc.]. J'ai exploré. Je me suis aventurée à réaliser des œuvres conceptuelles, mais la peinture me manquait. J'y suis revenue.

Depuis quelques années, j'ai l'impression que ma peinture est plus acceptée, mais ce fut long. Il subsiste toujours, je crois, un certain dogmatisme dans le monde de l'art contemporain. J'ai lu qu'on voulait ouvrir un musée d'art contemporain à Toronto en y excluant toutes les œuvres conçues avant l'an 2000. Ce n'est pas un musée, ça! Où est la mémoire? Où est la juxtaposition d'œuvres de différentes périodes?

On dit souvent que l'art contemporain a commencé en 1960. Comme si l'automatisme n'avait pas existé. On l'ignore. Les artisans de la Révolution tranquille ont eux-mêmes considéré que la révolution automatiste avait été un précurseur à leurs actions dans d'autres domaines. Les automatistes ont ouvert plusieurs portes.

Quelle que soit la forme que je pratique, l'art n'est pas accessoire pour moi. L'art est une nécessité. Il est important dans ma vie, comme le sont ma famille et mes amis. Bien sûr, il y a des moments où il faut s'occuper d'autre chose. Par exemple, Borduas avait décidé à un moment de construire sa maison. C'est la vie. L'art, c'est ma manière d'exister. J'aime la peinture. C'est comme ça!

Oui, je suis nostalgique! L'époque des automatistes était très stimulante. Très excitante. Tout a commencé pour moi à l'adolescence. J'avais déjà des idées. L'art remplissait ma vie, je découvrais tant de choses, la musique de Stravinsky par exemple.

Après les classes, vers l'âge de 15 ans, j'allais rencontrer mon amie Alice, qui n'allait pas à la même école secondaire que moi. Ses voisins étaient Pierre Gauvreau et Bruno Cormier. Nous sommes devenus amis. Nous parlions toujours d'art. Les deux sont même venus suivre des cours de ballet dans mon sous-sol! Il faut dire que très jeune, vers l'âge de huit ou dix ans, j'enseignais déjà la danse à des amis, dans la rue. C'était une façon de m'occuper, de jouer dehors. De leur côté, Bruno et Pierre m'ont fait connaître Rimbaud et Baudelaire, qui étaient à l'Index, grâce à des livres trouvés au magasin Eaton.

Pierre Gauvreau, qui faisait déjà de la peinture par lui-même, avait été invité à exposer avec les étudiants du collège Sainte-Marie. Un concours avait eu lieu, et l'on avait demandé à Borduas, qui enseignait à l'École du meuble, d'être juge. Émerveillé par le tableau de Pierre, il a immédiatement reconnu le peintre et il lui a téléphoné pour l'inviter à son atelier, un mardi soir de novembre 1941. Pierre a proposé d'emmener avec lui quelques amis qui seraient également heureux de le rencontrer. C'est ainsi que nous nous sommes retrouvés à l'atelier de Borduas. Il y avait aussi Fernand Leduc, Louise Renaud et Madeleine Desroches. Tout était blanc, et les tableaux étaient face contre le mur. Borduas en retournait un à la fois et il l'expliquait. Il connaissait depuis peu les surréalistes et il avait lu Breton. Il a parlé toute la nuit de peinture, mais aussi de civilisations qui naissent et qui meurent. Nous sommes sortis à 4 h du matin. Le ciel était plein d'étoiles. Nous marchions sur les nuages.

Le manifeste *Refus global*, qui rejette l'immobilisme dans les arts et la société, est venu plus tard, en 1948, mais il s'est construit autour de nos rencontres, avec notre groupe et plusieurs autres jeunes artistes.

Nous étions sept femmes sur les 15 signataires. Madeleine Arbour, Marcelle Ferron, Muriel Guilbault, Louise et Thérèse Renaud, Françoise Riopelle et moi. Oui. Et j'aimerais beaucoup insister sur le fait que nous étions des égales. Nous apportions des idées, participions aux discussions et étions des artistes à part entière. Nous avions droit à la même considération que les hommes. Et ils nous respectaient.

*Vous, c'était surtout la danse qui vous intéressait à l'époque.*

Oui, j'ai étudié la danse à New York. En juin 1947, le groupe bouillonnait de créativité et j'ai senti qu'il était important d'être à Montréal. C'était un temps fort. Au printemps 1948, Jeanne Renaud et moi avons présenté à Montréal les chorégraphies que nous avions créées, et on a dit que ce spectacle avait été l'événement fondateur de la danse moderne au Québec. Peut-être que ce fut un élément, mais il y a en eu plusieurs autres. J'ai aussi créé et présenté la chorégraphie *Danse dans la neige*. À cette époque, j'ai également écrit un texte intitulé *La danse et l'espoir*, que j'avais livré publiquement et qui a été intégré au *Refus global*. Les idées de ce texte étaient bonnes, mais je crois que l'écriture est médiocre. Si j'ai un regret dans la vie, c'est de ne pas être allée à l'Université. Mais je voulais tellement faire l'École des beaux-arts...

Par la suite, j'ai épousé Paterson Ewen. Au début des années cinquante, j'ai réalisé des chorégraphies pour la télévision, qui était à ses débuts. Et puis, j'ai eu des enfants – Vincent, Geoffrey, Jean-Christophe et Francis – et j'ai mis la danse de côté. C'était devenu trop compliqué. Il n'y avait pas de garderie! J'ai cherché un travail qui ne m'éloignerait pas de la maison et je me suis tournée vers la sculpture en continuant de créer des chorégraphies.

*Comment faites-vous pour rester si belle, si jeune ?*

Je ne sais pas. J'aime la vie. Dans ma tête, je suis certainement beaucoup plus jeune que mon âge. J'ai... [hésitation et rire timide] 45 ans. Et je ne me sens pas plus sage qu'avant. Je n'envisage pas de prendre ma retraite, d'arrêter de peindre. Je crois qu'il faut bouger. Il faut embrasser la vie, avec vigueur.

## Cueilleur d'images

# Gabor Szilasi

«Il faut que vous parliez de votre projet à Gabor!»
C'est Simon Blais qui nous fait cette suggestion lors
du vernissage de l'exposition de Rita Letendre,
avant d'être happé par d'autres visiteurs. Le
fameux Gabor Szilasi est juste derrière nous, avec
sa chevelure un peu hirsute toujours abondante et
son appareil photo en bandoulière, se distinguant
nettement par son originalité. Nous échangeons
quelques mots et nos cartes de visite. Et déjà, une
sorte de coup de foudre a lieu. Nous le rencontrons
le 11 février 2016 dans la sympathique maison de
ville qu'il habite avec Doreen Lindsay depuis près de
cinquante ans, et qui déborde de livres, de disques et
d'œuvres d'art. Gabor est un homme calme et
accueillant. Ses expressos sont délicieux.

*Gabor, nous savons que vous n'aimez pas beaucoup parler, car c'est l'image qui vous intéresse avant tout. La photographie, c'est votre vie. Entre autres, vous nous avez fait voir le Québec rural comme nul autre. Alors, nous allons vous poser beaucoup de questions. Vous êtes né en 1928, à Budapest. Comment avez-vous découvert le Québec?*

J'ai fui la Hongrie communiste avec mon père en 1957. Ma mère, ma sœur et mon frère étaient déjà décédés. Nous sommes arrivés à Halifax, puis on nous a dirigés vers la ville de Québec. Mon père, qui avait travaillé dans le domaine de l'exploitation forestière, a trouvé du travail au ministère des Terres et Forêts. Moi, j'ai décroché un emploi comme technicien en chambre noire à l'Office du film du Québec, puis rapidement on m'a demandé de devenir photographe d'archives. Cela m'a permis de parcourir le Québec. Plus tard, j'ai obtenu une bourse du Conseil des arts du Canada et je suis vraiment parti à la découverte du Québec rural et de ses magnifiques paysages montagneux dans Charlevoix, en Beauce et en Abitibi. Je ne connaissais pas la campagne en Hongrie. Cette bourse m'a aussi permis de pousser plus loin ma démarche artistique.

*Comment êtes-vous arrivé à la photo et comment avez-vous développé votre vision artistique ?*

À Budapest, je fréquentais l'Alliance française, où je pouvais consulter des magazines qui m'ont fait découvrir le travail de grands photographes, comme le photojournaliste Henri Cartier-Bresson ou André Kertész. J'ai alors acheté mon premier appareil photo. Après la guerre en Hongrie, on diffusait étonnamment beaucoup de films français et italiens. J'aimais beaucoup l'esthétique des films néoréalistes italiens : De Sica, Visconti, Rossellini... Des images en noir et blanc, tournées à la lumière naturelle. Dans ces films, il y avait peu d'acteurs professionnels ; on voyait surtout les gens des villages où étaient tournés ces films.

C'est ce qui m'a donné l'idée de faire de la photo de gens ordinaires et de leur environnement. Comme eux, j'ai décidé de travailler en noir et blanc et à la lumière naturelle. La photo, pour moi, c'est comme un poème, alors que le cinéma rappelle le roman par sa forme narrative. Mes images sont poétiques. C'est ce que je fais depuis plus de 50 ans. Ma dernière exposition, « L'éloquence du quotidien », qui a tourné plus de cinq ans dans de grands musées canadiens, jusqu'à 2014, résume bien mon travail.

Faire des photos d'artistes ou de vedettes riches et célèbres, ce n'est pas pour moi. Mais voici une exception, c'est un travail que j'ai fait en 2007 à la demande du Théâtre français du Centre national des arts à Ottawa. Ce sont des photos d'acteurs, d'auteurs, de metteurs en scène et d'artisans. Ce sont des gens plus connus, mais l'approche artistique est absolument la même. Je fais rarement des photos sur commande, sauf si le projet m'intéresse particulièrement, comme pour votre livre.

Toute ma vie, j'ai voulu connaître les gens. J'aime découvrir les vraies choses de la vie, de la vie des gens ordinaires. J'aime poser des questions sur la famille, les ancêtres, les enfants et les petits-enfants. Qui fait la cuisine à la maison? Que mangent-ils? Je ne fais plus beaucoup de photos, mais je pose encore beaucoup de questions. Depuis toujours, c'est le contact humain qui m'intéresse.

J'ai beaucoup photographié les hommes et les femmes, les petits commerçants, les cultivateurs, les jeunes et les vieux de ces régions du Québec à une époque qui n'existe plus. Je captais le moment présent. Je documentais cette période, puisque je faisais de la photo réaliste à caractère social. Lorsque je prenais des clichés de ces gens, de leur maison ou de leur environnement, j'essayais toujours de leur donner ces photos. C'était important pour moi. Comme je retournais souvent dans ces régions, je leur remettais mes photos prises l'année précédente. Cela me donnait l'occasion de mieux faire connaissance et souvent de rencontrer de nouvelles personnes ou de découvrir de nouveaux lieux.

Mon travail d'artiste ne m'a pas toujours permis de gagner ma vie. Après la naissance de notre fille, je voulais cesser de voyager pour le travail. J'ai eu la chance d'être embauché comme professeur de photographie. Dans un premier temps, au cégep du Vieux-Montréal, puis à l'Université Concordia, où j'ai enseigné la photo comme moyen d'expression artistique, tout en parvenant à monter assez régulièrement des expositions de mon travail. Au cours de ces 24 années, j'ai beaucoup aimé enseigner et le contact avec les jeunes artistes était stimulant. Après ma retraite, à 67 ans, j'ai enseigné trois étés à l'Université Stanford, en Californie.

*Qu'est-ce qui vous tient occupé en ce moment ?*

Je travaille à une nouvelle exposition de photos qui sera sans doute présentée au Musée McCord le printemps prochain. Préparer une exposition me rend toujours heureux. Cette fois, la thématique porte sur les peintres et leurs expositions dans les galeries d'art de Montréal des années 1970 à 1990. Ce sont des négatifs que je n'avais jamais imprimés. C'est un travail qu'on ne peut faire seul et j'ai demandé à Zoé Tousignant d'être la commissaire de cette exposition. Je fais une première sélection et elle retient les photos qui peuvent avoir un intérêt pour le public ; elle a le recul nécessaire pour ça. J'ai déjà imprimé plusieurs épreuves en 5 x 7, et j'ai remis à Zoé plus de 200 planches-contacts de 36 photos!

Après toutes ces années, je reconnais presque tous les visages, mais la mémoire des noms est moins précise. Pour la majorité des artistes présents aux vernissages, ça va bien. Mais il me faudra de l'aide pour identifier les galeristes, les collectionneurs, les représentants des différents organismes culturels...

*Est-il vrai que vos archives contiennent plus de 100 000 photos?*

En tout cas, plusieurs dizaines de milliers. C'est gigantesque. Je fais donc très peu de nouvelles photos. Il faudrait que je prenne le temps de développer et d'imprimer tous ces nombreux négatifs. Si je ne le fais pas, qui le fera? J'aime toujours travailler dans ma chambre noire ici au sous-sol. J'imprime mes photos en noir et blanc, en format 11 x 14 surtout, car le papier est très cher; j'évite les 16 x 20. Je confie les photos couleur à des studios spécialisés. Avec l'âge, ce travail est plus fatigant, bien que ce soit toujours la même magie et le même émerveillement. Aujourd'hui, je suis moins rapide. Une journée, je peux imprimer cinq photos et je peux le faire parfois trois jours par semaine. Mais en général c'est une fois la semaine. Les photos que je trouve bien, je les imprime en plusieurs exemplaires, une fois les tests terminés. J'en donne à notre fille Andrea et j'en laisse en galerie. Je suis représenté depuis longtemps par la galerie Art45.

Je sais bien que je n'arriverai jamais à tout imprimer. Je pense à léguer mes archives. Tout est bien répertorié, daté, classé et protégé. J'ai songé à les répartir en différents fonds thématiques. Mais je veux surtout m'assurer que le fonds sera accessible et mis en valeur.

Chez Art45, on vient de faire la vente la plus importante de ma carrière : un collectionneur sérieux vient d'acheter 24 de mes photographies ; des portraits, des scènes du Québec rural, de la rue Sainte-Catherine... Il veut ouvrir un petit musée à Montréal, où il y aura une salle Gabor Szilasi !

*Et si on parlait de l'homme sans appareil photo ?*

Doreen et moi nous sommes mariés en 1962, il y 54 ans. Nous avons une fille et un petit-fils. Nous habitons toujours notre maison achetée en 1968, pas chère à l'époque où des anglophones commençaient à quitter Montréal. J'ai des amitiés de longue date. Je mène une vie simple, je n'ai pas besoin de faire des voyages exotiques, mais j'aime voyager.

Je suis arrivé à Montréal en 1959. Doreen est née en Ontario et s'est installée à Montréal la même année que moi. Elle était déjà artiste. Nous faisions partie d'un même groupe d'amis. On s'est connus en 1961, je crois. Un jour, je devais aller à une soirée et je voulais être accompagné. J'ai appelé plein de filles dont j'avais le téléphone, sans succès. Doreen était la dernière sur ma liste...

J'aime le Québec, je suis francophile et biculturel. Je suis un homme ouvert à l'autre, curieux et respectueux. Je crois important de redonner à la communauté. Je crois être modeste, sans prétention, fier de ce que j'ai fait et de ce que je fais encore aujourd'hui.

*Aujourd'hui, qu'est-ce qui vous procure plus particulièrement du plaisir?*

Je vais vous le dire très franchement: la cuisine! J'aime faire les emplettes tous les jours. Et avec trois ou quatre ingrédients le moindrement compatibles, je vais improviser. Ce goût pour la cuisine est venu au début de ma retraite de l'enseignement. Et puis, je mange de tout. Ma fille Andrea est végétarienne et j'aime aussi cuisiner pour elle. Doreen est très occupée et passionnée par ses activités à la Société d'histoire de Westmount, dont elle est la présidente. Alors, elle aime bien mes petits plats.

Il y a mes amis aussi. Depuis des années, tous les jeudis midi je mange avec Tom Gibson et Peter Tsuk. Il y a aussi un groupe de poètes. Cela fait 10 ans que nous nous rencontrons tous les deuxièmes mardis du mois. L'été, nous allons au parc La Fontaine, c'est très agréable. L'hiver, nous allions chez un des poètes à tour de rôle; maintenant, nous allons chez Frédérique Marleau. Dans ce groupe, il y a Patrick Coppens, Claude Haeffely, Violaine Forest... Michèle Lalonde venait souvent. J'aime beaucoup ces rencontres, nous apportons tous de la bouffe et du vin. On mange et ensuite on récite des poèmes. Moi, je fais les photos des poètes. J'aimerais bien faire un livre avec leurs photos et mettre leurs textes en valeur.

Et marcher à Montréal, c'est un vrai plaisir. Hier, j'ai fait ce qu'il m'arrive souvent de faire. Je laisse ma voiture au métro Lionel-Groulx et je prends le métro pour aller en ville. À la station Atwater, il y a eu une panne. Après cinq minutes d'attente, on nous a dit qu'il y en aurait pour une heure. Je suis alors sorti et j'ai marché jusqu'à La Baie. Mais je me suis arrêté dans une pharmacie Jean Coutu pour m'acheter une tuque. Il faisait quand même un peu froid (-18° C). Bref, tout cela me tient en forme.

J'aime découvrir et comprendre les autres cultures, mieux connaître les gens qui viennent de l'étranger et qui immigrent ici. Je reste ouvert aux croyances religieuses des autres tant qu'on n'essaie pas de m'endoctriner ou de me convaincre que leur dieu est le seul vrai. Moi, je ne crois en aucune religion, mais j'accepte que l'on puisse croire. Cependant, je ne suis pas athée, parce qu'être athée c'est aussi une sorte de religion...

Et les religions causent plus de mal que de bien, au moins depuis les croisades.

Je crois à autre chose, à la musique, à toutes les formes d'art, surtout visuelles, à la cuisine que l'on partage avec des gens qu'on aime. Je crois beaucoup à l'importance de la nature et d'y avoir accès facilement. Dans les années 1970 et 1980, nous avons visité les Rocheuses, le Vermont, le New Hampshire et presque toutes les régions du Québec. J'aime parcourir Budapest lorsque j'y retourne. Les samedis, j'aime toujours faire à pied la tournée des galeries d'art de Montréal.

*Vous avez sans doute renoncé à certaines choses avec le temps...*

Oui, le sexe, par exemple ! Mais, autrement, je me tiens en forme, je fais des exercices tous les matins et une bonne douche chaude détend mes muscles. J'ai eu des ennuis de santé, mais là tout va bien. Il y a eu le remplacement de mon genou gauche, il y a dix ans. L'opération a été réussie. Il y a vingt ans, j'ai eu le cancer de la prostate. C'était les traitements de chimiothérapie et de radiothérapie ou l'ablation. J'ai dit de couper sans aucune hésitation.

Je ne joue plus de clarinette. Il y longtemps que je n'ai plus le temps. Je sais lire la musique, j'ai joué au sein d'un orchestre de musique classique. J'aime également le jazz, mais je ne sais pas improviser. J'écoute beaucoup de musique sur disque, de la musique classique et du jazz, surtout celui des années 1950 et 1960. Je vais encore au Festival de Jazz de Montréal et, il y a quelques années, j'ai découvert Brad Mehldau et son trio, que j'aime beaucoup.

Je ne lis plus les journaux autant qu'avant. Nous sommes abonnés à *The Gazette* la semaine et au *Devoir* le samedi. La politique ne m'intéresse pas tellement. La philosophie et la culture, oui, beaucoup. Avant même que *La Presse* cesse de publier en semaine son édition papier, nous avions depuis longtemps annulé notre abonnement. Cela faisait vraiment beaucoup trop de lecture. Mais, j'ai déjà vu *La Presse+* sur tablette, c'est très beau.

*Vous arrive-t-il d'être nostalgique ?*

Non. Moi, je vis dans le présent, depuis toujours.

## La famille, ma raison de vivre

# Gretta Chambers

*À peine avons-nous le temps de sortir de l'ascenseur que la silhouette menue et pimpante de Gretta Chambers vient à notre rencontre. «J'étais au téléphone avec ma fille, celle qui habite en Californie. Mes deux filles me téléphonent tous les matins. Elles ont peur que je m'évapore pendant la nuit.» À l'intérieur de l'appartement, des dizaines de photos de famille, des aïeux aux petits-enfants, tapissent tous les murs. Nous sommes le 17 novembre 2015.*

*Gretta, je vous connais depuis plus de vingt ans car vous êtes la belle-sœur de ma meilleure amie. Je sais que la vie de famille – élargie – est capitale pour vous. Vous avez un don pour rapprocher les gens entre eux et ça m'a toujours épatée! C'est peut-être cette disposition qui a fait de vous une des premières journalistes à parler du Québec français aux anglophones, à une époque où les deux communautés ne se parlaient pas, ou si peu.*

Je vis avec cinq générations de Taylor et de Beaubien! Sur cette photo, c'est mon arrière-grand-mère. Elle est jeune ici, mais elle est décédée à 96 ans et je l'ai toujours vue avec son bonnet de veuve. Et voici son père. Bel homme, non? Là, c'est mon mari, Egan. J'allais à l'école avec sa sœur et ses parents jouaient aux cartes avec les miens. Dans un sens, je n'ai jamais fait sa connaissance. Il a toujours été présent. Et voici mes enfants, j'en ai cinq, et mes huit petits-enfants.

Je vais vous la présenter, cette famille. Elle me suit partout, comme vous pouvez le constater en regardant sur les murs de toutes les pièces. Il y a plusieurs années, lorsque mon mari – qui est aujourd'hui décédé – et moi avons déménagé, il m'a demandé une petite faveur, qu'il y ait une pièce sans photo. Je lui ai répondu, d'accord: la salle de bains.

Je peux vous dire que je ne vois pas grand avantage à vieillir si ce n'est celui de voir nos enfants venir au monde, grandir, peut-être devenir parents eux-mêmes. Ça, c'est un véritable cadeau. Et si je ne vieillissais pas, je ne pourrais participer à leurs joies et à leurs peines. J'ai vécu au sein d'une famille élargie : mes grands-parents nous ont accueillis lorsque mon père a eu des difficultés à la suite du krach de 1929. Plus tard, lorsque la santé de ma grand-mère a décliné, ma mère s'est occupée d'elle et de la maison. Des cousins et cousines entraient et sortaient constamment. Nous nous entraidions beaucoup.

Aujourd'hui, lorsqu'il y a un problème de famille qui est finalement résolu, c'est un grand bonheur. L'âge est le prix à payer pour avoir cette joie-là ! La famille me donne de la force. Elle a laissé une profonde empreinte sur ma vie. Ah, le téléphone sonne. Un moment. Je crois que c'est un appel interurbain.

*(Plusieurs des enfants et petits-enfants de Gretta vivent ou voyagent à l'étranger mais cela ne les empêche pas de donner fréquemment des nouvelles. Chez Gretta, ça sonne et resonne. Comme si elle était au centre d'un vaste réseau d'informations circulant sans cesse dans plusieurs directions et sur plusieurs fuseaux horaires...)*

J'ai 88 ans. C'est difficile de vieillir. Très difficile pour l'orgueil, pour le confort, pour les déplacements. On commence à se sentir affaiblie, les jambes sont plus fragiles. Parfois, je dois prendre un moment pour rattraper un souvenir, une idée. Mais, bon Dieu, où ai-je mis ce papier?

Monter dans une voiture m'enrage. J'ai des cannes merveilleuses que ma deuxième fille a achetées en Suisse. Je ne vais jamais à l'extérieur sans les prendre. Ces cannes ne sont peut-être pas élégantes, mais elles sont très bien pour l'équilibre et me permettent d'aller n'importe où. Je ne me prive pas de voyager à l'extérieur du pays, même si c'est un peu plus compliqué qu'avant. Au cours des 20 dernières années, j'ai fait de nombreux voyages avec mon frère Charles Taylor et son épouse, Aube. Bon, maintenant que j'ai deux cannes au lieu d'une, les gens dans la rue essaient parfois de m'aider, mais leurs gestes me déstabilisent plus qu'autre chose, car j'ai tout planifié dans ma tête: où je mets mon pied, et l'autre ensuite... Alors, si on essaie de prendre mon bras...

J'avais beaucoup de force avant. Je pouvais soulever n'importe quoi. Par exemple, dans la cuisine, j'aime avoir le dernier mot. Or, je ne peux plus soulever le plat avec la dinde. Mais je n'ai pas besoin de demander, mes filles sont là, l'une d'elles s'est même construit une maison à côté de la mienne à Magog. Mon gendre me dit en riant : Tu sais, les filles n'attendent que ça, prendre les choses en main. Et je le sais trop bien... mais je résiste.

*Vous avez la réputation d'avoir un bon sens de l'humour, vous l'avez toujours eu ?*

L'humour, c'est la seule manière de s'extirper des petites misères liées au temps qui passe. Cet humour vient de mon père. À la maison, nous n'avions pas le droit de faire des drames. Mon père me taquinait beaucoup. J'avais deux frères, tous les deux brillants, et il n'était pas question que je réussisse moins bien qu'eux. Un jour, j'ai eu un B et j'ai fait toute une histoire avec ça. Mon père m'a dit : Tu as raison, Pinky Winky. C'est pitoyable. Tu vas devoir coucher dans le jardin, manger dans le garage, seule, on ne veut pas d'un B à la table. Après cet épisode, l'idée de vouloir être première de classe a complètement disparu.

*Chez vous, les deux cultures cohabitaient, n'est-ce pas ?*

Mon père était anglophone, ma mère francophone. Nous parlions les deux langues à la maison et cet héritage culturel a été déterminant, puisque toute ma vie j'ai travaillé à faire le pont entre les deux communautés. Je n'ai jamais pu me débarrasser de ce pli. Je l'ai dans le sang.

J'ai fait mes études en science politique à l'Université McGill et, lorsque j'ai obtenu mon bac à vingt ans, je me suis dit : Eh bien, je suis devenue une anglophone. Ça veut dire quoi, être une anglophone ? Or, je n'avais pas l'intention de me cantonner à une identité. Au contraire. Mais à cette époque, il fallait être d'un côté ou de l'autre. J'allais à des conférences en anglais et je me disais : S'il fallait que mes amis francophones me voient ici ! Quand j'allais à des événements en français, je me disais : Si jamais mes amis anglophones apprenaient que je suis ici, ils ne comprendraient pas...

Je suis d'ailleurs devenue journaliste parce que je connaissais beaucoup de monde. Un jour, au milieu des années 1960, un ami de CBC Radio m'a demandé de faire la traduction des journaux francophones pour son émission hebdomadaire, car il comprenait mal le français. Peu après, il est parti pour Ottawa et on m'a demandé d'animer l'émission, *The Province in print*. Je faisais un compte rendu des journaux francophones pour les auditeurs anglophones. J'ai fait cette émission pendant 12 ans, de 1966 à 1978. J'ai expliqué la visite du général de Gaulle à l'été 1967, du point de vue des francophones, et d'innombrables autres évènements de l'actualité. Je lisais 140 journaux par semaine !

Je me suis longtemps couchée à deux heures du matin. Je n'entendais pas la sonnerie du réveille-matin. Mon mari devait me secouer gentiment pour que je sorte du lit. Et le soir, on ne pouvait plus souper à la table de la salle à manger, car elle était couverte de journaux! Les enfants me disaient: On mange où ce soir, maman?

Je suis graduellement devenue une personne de référence pour la communauté anglophone. Des journalistes d'un peu partout au Canada et aux États-Unis me téléphonaient pour que je les aide dans leurs recherches sur le Québec, surtout le Québec rural, qui était très différent de la ville à cette époque.

Plus tard, j'ai conseillé le ministère de l'Éducation en assumant pendant 14 ans la présidence de la Commission de l'éducation en langue anglaise. J'ai aussi travaillé à la déconfessionnalisation des commissions scolaires avec Pauline Marois. Mais je n'ai jamais voulu faire partie officiellement du gouvernement. J'ai toujours voulu pouvoir exprimer mes idées. Je suis une femme trop indépendante. Et cette indépendance s'appliquait aussi vis-à-vis de mon mari, qui était en politique fédérale et conservateur. Un jour, Paul Martin père, qui était ministre libéral à Ottawa, m'a traitée de conservatrice de gauche!

\* \* \*

Je ne choisis pas mes projets. Mes projets me choisissent. J'ai participé à la création de l'Institut des études canadiennes-françaises à l'Université McGill, en 1963, qui est devenu depuis le Programme des études sur le Québec. Je continue d'aller aux réunions liées à ce projet et je le ferai aussi longtemps que je le peux. Je peux apporter une perspective historique et je crois que c'est apprécié.

Toujours à McGill, je travaille au Programme pour la paix au Moyen-Orient, créé conjointement avec l'École de travail social. C'est un projet qui permet aux jeunes diplômés de Jordanie, d'Israël, et de Palestine notamment, de venir ici faire leur maîtrise en service social. Il s'agit d'un programme fantastique. Il y a aussi une chaire en histoire asiatique qui porte mon nom. Mes liens avec l'Université McGill sont très forts puisque j'y ai été gouverneure de 1978 à 1988 et chancelière de 1991 à 1999.

*L'éducation a joué un rôle important dans vos engagements...*

On peut tout perdre, ses amours, sa famille, ses amis, son argent, mais nos connaissances, personne ne peut nous les enlever. En 1996, lorsque j'ai participé aux États généraux sur l'éducation, sous le gouvernement de Lucien Bouchard, j'ai déploré que l'éducation soit vue comme un outil pour gagner sa vie et non pour la réussir, pour être heureux. J'ai été chaudement applaudie. Plus tard dans la journée, j'ai repris la parole pour demander une hausse des droits de scolarité.

Cette fois, les étudiants m'ont copieusement huée. À la clôture de l'événement, des étudiants sont venus me voir pour me dire : Vous savez, vos parents ont payé pour vos études, mais nous, nos parents ne paient pas et nous nous battons pour pouvoir poursuivre nos études. Je n'ai jamais oublié ces propos.

Enfin, j'ai passé pas mal de temps au cours des 15 dernières années à faire des devoirs et à apprendre des leçons avec mes petits-enfants, après l'école. J'y crois. Pourtant, vous savez, moi, j'ai été éduquée à la maison jusqu'à l'âge de neuf ans. Mes deux frères allaient à l'école et moi pas. Ma mère avait dit : Tu n'aimeras pas ça. J'ai fini par la convaincre du contraire, j'ai insisté. Et j'ai adoré ça. L'horizon s'ouvrait.

* * *

Avec le temps j'ai appris à être plus patiente. Ou plutôt, j'essaie de l'apprendre. Je découvre des personnes, je noue de nouvelles relations et je vois les arts d'une nouvelle façon. Je vais au théâtre et au cinéma. S'il me fallait renoncer, je serais au désespoir. J'aime les arts qui permettent de se servir selon ses goûts, de sortir de nous-mêmes en entrant dans une autre existence. Et je ne parle pas de la vie des vedettes. Je parle d'humanité. L'art nous ouvre les yeux. Lire un livre comme

*Le second souffle,* de Philippe Pozzo di Borgo, puis voir *Intouchables,* le film qui en a été tiré, pour moi, ça correspond à une soif de savoir.

J'écoute de la musique. J'ai beau essayer, je n'aime pas le heavy metal, mais je reste fidèle à Beethoven et à Chopin, je pourrais les écouter toute la journée. Le vieux jazz de ma jeunesse également.

Tenez, j'ai un petit-fils qui est au cégep Dawson. Il joue de la guitare, et cet instrument est son bien le plus précieux. Il m'a dit : Si un jour quelqu'un me demande ce que je fais dans la vie, j'aimerais pouvoir répondre, je suis musicien. J'en ai eu les larmes aux yeux. Si je peux l'encourager à réaliser ses rêves...

## La saison de l'amitié

# Guy Rocher

*Paule a connu Guy Rocher lorsqu'elle était journaliste au Devoir. Elle se souvient avoir réalisé une longue entrevue avec lui dans les années 1990, pour découvrir, en écoutant l'enregistrement, que les idées y étaient tellement bien ordonnées qu'il ne lui restait plus qu'à les transcrire telles quelles sur papier. Ce fabuleux esprit de synthèse caractérise toujours le sociologue lorsque nous le rencontrons chez lui à son nouvel appartement de l'Île-des-Sœurs les 24 septembre et 25 novembre 2015.*

*Guy Rocher, vous êtes maintenant à la retraite, mais on comprend que ça ne vous empêche pas d'être actif. Vous avez une vie personnelle bien remplie, ainsi que des projets professionnels.*

L'amour et l'amitié sont les deux grands piliers du vieillissement heureux. La vie que je mène avec Claire-Emmanuèle depuis 35 ans est un grand bonheur. La communication avec elle est constante. C'est la véritable vie commune de tous les jours avec ses petits heurts et ses grandes joies, surtout celle de découvrir toutes les possibilités d'échange que l'on peut avoir. Prendre le temps de s'écouter, prendre soin l'un de l'autre, de nos petits bobos. Emmanuèle était à la retraite avant moi. Bien entendu, il y a eu une petite période d'adaptation, parce que je ne partais plus quotidiennement pour le travail. C'était tout à fait nouveau. Rien de dramatique toutefois, contrairement à d'autres couples que je connais.

Emmanuèle est plus politisée que moi. Nous ne regardons jamais la télé d'une manière passive, pas plus que nous ne lisons les journaux sans commenter. S'ensuivent invariablement des discussions et des débats stimulants. Nous sommes souvent indignés par ce que nous entendons et lisons.

Avec l'âge, j'ai redécouvert l'amitié. Je n'avais pas de temps pour les amis pendant ma vie active. J'en ai eu quelques-uns, bien sûr, mais je n'y accordais pas beaucoup d'importance. Aujourd'hui, je me rends compte que ces relations sont primordiales et très stimulantes. Nos amis sont engagés politiquement comme nous le sommes ; ils sont un peu plus jeunes que nous, ils ont dans les 70 ou 80 ans. Nous avons des loisirs culturels, nous allons au concert et au théâtre ensemble, nous discutons. C'est un véritable plaisir.

L'âge apporte une perspective historique qui permet de voir les choses sous une lumière particulière, teintée par les nombreux souvenirs. Mais je ne suis pas plus sage qu'avant, je suis même plus coléreux aujourd'hui. Ça me frustre de ne pas pouvoir participer à des changements dans la société. Il faut accepter un certain détachement de la vie active qui est à la fois source de paix, parce que l'on recourt moins à moi, et source de frustration de ne plus pouvoir entreprendre et de ne plus avoir le même statut. Mais je me dis que les jeunes apporteront leurs propres changements à la société. Il faut accepter qu'il y ait une relève, que les autres sont là et qu'ils feront les choses à leur manière.

Ça ne m'empêche pas d'avoir mes propres projets. J'ai la chance d'avoir un jeune collègue qui est mon successeur en sociologie du droit, Yan Sénéchal, qui me tire et me pousse tout à la fois. Nous travaillons entre autres à la réédition de mon ouvrage *Introduction à la sociologie générale*, publié une première fois en 1968. Nous rééditerons le premier tome en format poche pour qu'il soit moins coûteux pour les étudiants. Nous reverrons également la structure pour en faciliter la lecture et nous ajouterons des références à des travaux contemporains. Nous avons également plusieurs autres projets d'édition et de réédition, notamment de mon ouvrage *Études de sociologie du droit et de l'éthique*, introuvable aujourd'hui. Tout cela est très énergisant pour moi.

D'une certaine manière, c'est la continuation de ma vie d'universitaire, puisque le contact avec les jeunes a beaucoup compté dans ma vie, plus sans doute qu'avec les collègues. Vous dire le plaisir que j'ai éprouvé chaque automne, devant un nouveau groupe. Combien seront assez curieux, me disais-je, pour aller plus loin et poursuivre leurs études et leurs recherches? C'est à l'épanouissement de cette disposition que je travaillais, année après année.

Il m'arrive aussi encore de donner des conférences. Cet automne, j'ai donné une conférence à des professeurs de cégep, inquiets de voir disparaître les cours de philosophie. Plus de 250 d'entre eux s'étaient déplacés pour m'entendre, un samedi matin. C'est valorisant et j'ai le sentiment d'apporter une contribution au débat public.

Il reste que la préparation de telles conférences est exigeante et la récupération est plus laborieuse, de sorte que je suis plus sélectif dans mes interventions. Même que je décline désormais certaines invitations, ce qui est nouveau pour moi. Mais je ne refuse jamais d'aller passer une heure ou deux avec des étudiants lorsqu'un collègue me sollicite. Chaque année, par exemple, je donne la dernière heure du cours «Fondement du droit» à une centaine d'étudiants de l'Université de Montréal.

*De nombreux témoignages le confirment: vous avez été un pédagogue exceptionnel. À la fin des années 1960, des étudiants de toutes les disciplines venaient suivre vos cours de sociologie, pour votre interprétation inédite et fascinante de la société québécoise, au moment où la religion perdait sa cohésion structurante à une vitesse surprenante, mais aussi pour votre sens de la communication. Vous avez marqué plusieurs générations d'étudiants. Et des étudiants, Dieu sait si vous en avez côtoyés, vous qui avez pris votre retraite de l'Université de Montréal à 85 ans, non sans en ressentir un certain choc.*

J'ai eu la chance de travailler dans un centre de recherche, ce qui m'a permis de travailler à l'université plus longtemps. Jusqu'à ce jour de 2010, où on m'a dit que l'heure de la retraite était arrivée. J'avais 85 ans, mais ç'a été un choc. Quel que soit notre âge, c'est un choc. On m'a interdit de prendre de nouveaux étudiants à la maîtrise ou au doctorat. Et on avait raison. Il faut savoir qu'une thèse peut prendre jusqu'à 10 ans. J'ai quand même poursuivi bénévolement la direction de thèse des quelques doctorants que j'avais déjà sous mon aile. Il m'en reste encore un. J'ai eu beaucoup de stimulation intellectuelle avec les étudiants à la maîtrise ou au doctorat, car ils avancent dans des chemins inédits.

J'avais cessé d'enseigner quelques années avant cette retraite et je dois admettre que j'avais été heureux de ma nouvelle liberté. Je n'avais plus la responsabilité hebdomadaire de préparer mes cours. Et contrairement à ce que j'avais craint, la salle de cours ne me manquait pas. J'avais moins d'énergie. Et, si je peux avoir de la nostalgie pour certaines périodes de ma vie, ce n'est pas ce qui domine chez moi.

*Est-ce pour conjurer la nostalgie que vous êtes déménagé récemment?*

Oui. Claire-Emmanuèle et moi habitions au 4e étage d'un édifice chemin de la Côte-des-Neiges et, du salon, je pouvais apercevoir mon bureau au pavillon Maximilien-Caron. De plus, de mon bureau, je voyais la sépulture de mes parents et de mes grands-parents, ainsi que de ma petite-fille décédée à 21 ans, car j'avais une vue sur le cimetière. J'avais une sorte de vie circulaire, avec notre résidence, mon bureau et le cimetière où se trouve ma famille. Or, une fois à la retraite, j'ai développé la vilaine habitude de vérifier s'il y avait de la lumière dans mon bureau. Qui y travaille ? Qui est assis sur ma chaise, la chaise que j'ai occupée pendant 30 ans ? C'est devenu lourd. J'ai ressenti le besoin de m'éloigner physiquement de l'Université. Claire-Emmanuèle aussi. Ce fut une excellente décision qui nous a permis de tourner la page.

> *Le couple est aujourd'hui installé dans un appartement lumineux et dépouillé, à proximité des activités culturelles de Montréal. À ce déménagement n'ont survécu que les livres et les objets essentiels. Guy Rocher y dispose d'un bureau, mais il préfère s'installer dans le salon donnant sur un grand terrain de verdure avec vue sur le fleuve. La voix craque à l'occasion sous le coup d'un souvenir, mais le plus souvent ses propos sont émaillés d'une pointe d'ironie qui lui confère un certain détachement.*

*Quel âge avez-vous dans votre tête ?*

Je dirais 50 ans. Je ne me sens pas comme si j'avais 20 ans, mais j'entretiens l'illusion d'avoir un avenir. Cela dit, je suis happé par la grande énigme du temps qui fascinait Einstein, par la sensibilité au temps qui passe, à la journée qui avance, qui se termine. Chaque jour qui passe est déjà passé. Lorsque nous sommes occupés, nous travaillons et voyons défiler le temps autrement. Aujourd'hui, le temps prend pour moi une nouvelle dimension, j'apprends à jouir du moment présent, à l'accueillir quel qu'il soit et à y trouver un agrément.

Je me rends compte que j'ai de plus en plus de souvenirs. Je me retrouve avec près d'un siècle derrière moi – j'ai 91 ans – et je le constate dans le regard des autres. Je réalise, avec surprise, que mes enfants ont 60 ans et mes petits-enfants près de 30 ans.

Il y a, entre mes quatre filles et moi, des relations très affectueuses et très tendres ; nous échangeons beaucoup d'informations liées à nos lectures, à ce qui se passe dans nos vies, à notre état de santé ainsi que sur les décisions à prendre. Ces relations se sont consolidées depuis que je suis à la retraite. J'ai davantage de temps. Avec mes petites-filles, les liens sont également chaleureux, mais plus timides. Elles ont les préoccupations des gens de leur âge. Il y a une distance que, de part et d'autre, nous nous efforçons de réduire. Je les impressionne parfois un peu trop, en raison de mon âge et de mon passé sans doute. Et je suis particulièrement heureux lorsque je peux les voir toutes les trois ensemble.

Vieillir, c'est aussi renoncer à des activités dont on n'aurait pas cru pouvoir se passer, tellement elles nous apportaient de plaisir. Mais vient un temps où il faut admettre que le plaisir se transforme en poids.

Ainsi, il y a sept, huit ans, nous avons vendu notre maison dans les Laurentides. Ça devenait de plus en plus difficile d'avoir une résidence secondaire, d'y aller toutes les fins de semaine, ou même toutes les deux fins de semaine. Vient un temps où on ne peut plus faire l'entretien, le déneigement, et on doit recourir à des services de plus en plus coûteux. Ç'a été assez facile de s'en détacher en raison de ces exigences.

J'ai aussi dû renoncer au sport. Je n'ai jamais été un grand sportif, mais nous faisions du ski, du patin et de la raquette l'hiver ; du tennis et du vélo l'été. Ces sports que nous pratiquions régulièrement et avec passion ont cessé d'être possibles car les forces nous manquaient. Un jour, il a fallu donner notre équipement à nos filles et à nos gendres. Ça aussi, c'est un deuil. Aujourd'hui, pour garder la forme, je fais régulièrement du vélo stationnaire – il y a une salle d'exercice dans l'édifice – et je marche, heureusement. La marche, c'est le dernier sport.

Avec le temps, nous avons davantage de problèmes de santé. On fréquente plus souvent les médecins qu'on le voudrait. Mais nous sommes en bonne santé et c'est un facteur important de bien-être.

Enfin, ce qui est un peu plus difficile, c'est de ne plus aller à la bibliothèque de la Faculté de droit et à celle des sciences sociales. C'était un rituel, j'y allais régulièrement et c'était pour moi un des bonheurs de la vie universitaire. J'ai réduit mes visites graduellement après le déménagement et depuis un an je n'y vais plus.

*Cela ne vous empêche pas de lire...*

Non, bien évidemment. En fait, après avoir passé ma vie à lire des thèses, des mémoires et des essais jusque tard dans la nuit, je me suis découvert un féroce appétit pour le roman. Je plonge avec délectation dans la littérature étrangère, qui m'enchante en me faisant voyager, d'autant plus que les voyages en avion, pour nous, c'est fini. Les attentes, la sécurité, les changements d'horaire, trio désagréable! En revanche, les voyages en voiture restent. Je conduis, mais ma femme conduit beaucoup mieux que moi. Nous pouvons faire des voyages en voiture et, au besoin, nous relayer.

*Vous avez dit avoir plus de temps pour les activités culturelles, mais ce goût remonte à plus loin, non?*

Vous avez raison. Je suis au conseil du Théâtre Ubu depuis le début, il y a près de 35 ans. C'est fascinant comme aventure, car c'est un théâtre complètement extravagant, avec un répertoire très vaste. C'est Denis Marleau, alors mon gendre, qui m'a invité à me joindre au groupe. J'ai toujours admiré l'intelligence et la créativité de Denis. Je suis aussi depuis longtemps un fervent abonné des concerts du Quatuor Molinari, grâce à Jean Portugais, un collègue de l'Université, dont l'épouse, la violoniste Olga Razenhofer, a fondé et dirige le quatuor. Voilà un autre ensemble moderne et fascinant.

*  *  *

On demande toujours aux gens âgés s'ils ont peur de la mort. La pensée de la mort suppose un détachement et aussi une préparation, ne serait-ce que s'assurer qu'on laisse les choses en ordre, afin de ne pas causer de problème à son conjoint ou à ses enfants. Mais ce n'est pas chose aisée que d'accepter qu'il y aura une fin à cette vie que l'on croit facilement éternelle. Accepter que prochainement je vivrai dans le souvenir que les autres auront de moi.

C'est la curiosité qui a été le moteur de ma vie: curieux d'apprendre, de découvrir de nouveaux auteurs, de comprendre de nouvelles orientations et de relever de nouveaux défis.

J'avais 14 ou 15 ans lorsque j'ai été éveillé par Gérard Pelletier et Benoît Baril, deux fondateurs de la JEC (Jeunesse étudiante catholique) canadienne, lors de leur visite au Collège de l'Assomption. Éveillé au fait que nous avions peut-être une part de responsabilité dans la vie du collège, dans son développement intellectuel et spirituel. C'est à ce moment que j'ai compris le sens des mots responsabilité et solidarité, et ce fut une grande découverte. Je suis alors sorti de ma coquille. La sociologie vers laquelle je me suis dirigé plus tard est une science où les engagements dans la société sont plus naturels que dans d'autres métiers. Je n'ai jamais cessé d'être concerné, curieux. De vouloir comprendre. De vouloir aimer aussi. Avec l'intensité qu'apporte au moment présent le sentiment que la vie n'est pas éternelle.

## De vieille jeune à jeune vieille

# Janine Gagnon-Corbeil

*Quand nous avons rencontré Janine Gagnon-Corbeil par hasard un matin d'automne, nous lui avons parlé de notre projet, sans penser qu'elle pouvait en faire partie. Non sans coquetterie, elle nous a détrompés et a bien voulu se prêter au jeu. Nous l'avons rencontrée, le 1er décembre 2015, chez elle.*

*Raynald : Janine, je vous ai connue il y a un certain nombre d'années et je sais que vous avez toujours eu une vie professionnelle bien remplie. Sur le plan personnel, par ailleurs, vous avez vécu des épreuves à la limite du supportable. Je suis ravi de vous retrouver plus vivante et alerte que jamais. Que se passe-t-il dans votre vie ?*

Je vais peut-être vous étonner, c'est une des plus belles périodes de ma vie. À 82 ans, mes vies personnelle et professionnelle me comblent. Mais, c'est vrai, j'ai vécu un long moment difficile qui a débuté au milieu des années 1980. Yvan Corbeil, mon mari, est mort à 57 ans. Il était atteint de la sclérose latérale amyotrophique (SLA). C'est une maladie épouvantable qui vous fait perdre lentement tout contrôle sur vos muscles, mais qui vous laisse toute votre tête. À 49 ans, Yvan se déplaçait avec une canne, puis avec deux, ensuite avec un premier fauteuil roulant, enfin un deuxième, électrique. Les mécanismes de contrôle du fauteuil électrique ont dû être adaptés à plusieurs reprises. En dernier, il conduisait la chaise avec sa tête seulement et il était d'une habileté incroyable pour entrer de reculons dans l'ascenseur. Car nous avions dû faire installer un ascenseur à la maison. Moi qui suis plutôt impatiente, j'ai appris à prendre le temps, à

établir des priorités. Toute activité avec un grand malade demande une préparation particulière, on n'improvise pas une sortie au spectacle, par exemple. Yvan m'a appris ça.

Martin, notre fils aîné, s'est suicidé à 28 ans, alors que la maladie de son père était déjà très avancée. Tout au long de la cinquantaine, ma vie n'a vraiment pas été facile. Après l'épuisement lié aux soins au malade, il y a eu l'ajustement à la grande perte d'Yvan ; nous avions été mariés 32 ans. J'ai dû apprendre à vivre seule.

\* \* \*

Après la mort d'Yvan, j'ai été très entourée, je voyageais et j'avais une vie plutôt bien remplie. Mais moi, je crois à la vie de couple et j'ai besoin de pouvoir échanger avec un compagnon sur tout et sur rien. Je me suis confiée à des amis, qui connaissaient Michel, et qui ont pensé que nous pourrions avoir un certain nombre d'atomes crochus. Dès notre première rencontre en tête à tête, nous avons constaté tout à coup que le temps était passé très vite... Deux semaines après, nous savions que nous allions être ensemble pour le reste de notre vie. C'était en 1999, j'avais 65 ans. Michel a vendu sa maison et a emménagé chez moi en 2001. Nous nous sommes mariés en juillet 2002.

Michel est un homme merveilleux, aimant, qui sait encore s'amuser à 87 ans; il sait comment me calmer, me faire ralentir et relativiser certaines choses. Il a été professeur au collège Brébeuf et il s'intéresse toujours à la littérature, aux arts en général et il est le spécialiste à domicile sur tout ce qui s'appelle tablette, iPhone, ordinateur.

J'ai aussi mes enfants, une fille et un garçon, leurs conjoints et mes deux petits-fils, qui ont quinze et neuf ans; ils sont tous merveilleux. Il y a enfin les amis et les collègues, avec qui je me retrouve avec plaisir.

* * *

Je profite autant que je peux du moment présent avec mon amoureux, mes enfants et mes petits-enfants. Ça me fait toujours du bien de les voir ou de leur parler, ne serait-ce qu'au téléphone. Leurs questions, leurs commentaires, leur vivacité d'esprit, leur compréhension de la vie m'étonnent toujours. Nous aimons passer du temps avec eux, les amener à des concerts.

Il y a la musique, qui est toujours une grande source de joie. Nous aimons particulièrement la musique baroque et en écoutons fréquemment à la maison. Nous allons beaucoup aux concerts, aux récitals. Il y a aussi d'autres formes d'art qui nous intéressent: le cinéma surtout. Nous avons davantage de temps maintenant. Avoir le temps de prendre le temps, c'est superbe.

La lecture prend aussi beaucoup de place dans ma vie. J'ai lu récemment, ou je lis ces jours-ci, François Cheng, que j'aime beaucoup, John Stefansson, Érik Orsenna et Josette Stanké ; *Vie et recherches*, de Louis Pasteur, et enfin *Elles étaient seize. Les premières femmes journalistes au Canada*, de Linda Kay. Très intéressant à plusieurs points de vue. Je lis aussi sur les problématiques des femmes dans le monde.

Je dirais aussi qu'être en forme pour nos âges, c'est une source de bonheur. Mais il faut y mettre du temps, cela n'arrive pas tout seul. Je fais régulièrement des exercices, au moins cinq fois par semaine. Je me suis fait une petite routine qui est bien pour moi. Cela demande une certaine discipline, mais qui paie en retour. Nous allons aussi marcher très souvent dans notre quartier et sur le mont Royal.

*Vous êtes en train de nous décrire une belle forme de sagesse...*

De la sagesse, j'en trouvais chez mon père. Mais est-ce que moi, je me trouve sage ? Je ne crois pas avoir beaucoup de sagesse, mais j'ai du recul, une expérience, une perspective de la vie, ça oui, c'est vrai. Plus jeune, un jour, une dame qui connaissait un peu mon parcours m'a dit : Vous avez été vieille jeune et vous allez être jeune vieille. Je vous dirais qu'elle avait raison.

Je ne suis pas plus sage qu'autrefois pour autant. Lorsque je regarde ce qui se passe sur la planète, je suis toujours aussi indignée devant la bêtise humaine. Mais je suis peut-être plus sereine qu'auparavant. Je me suis aperçue que, dans ma vie de couple, je suis moins « chicanière » que lorsque j'avais 30 ans, alors que, imbue de mes principes féministes, je réclamais mes droits. Avec l'âge, on devient plus patient, plus tolérant, sans doute. On ne se chicane plus pour des riens, on choisit mieux ses moments si on a quelque chose à dire.

À plusieurs égards, la vie est plus facile avec le temps. Au début de notre vie d'adulte et durant plusieurs années, nous avions tant à faire. On se mariait à 20 ans, on ne se connaissait pas beaucoup, il y avait les carrières à construire, les enfants à élever, les questions et les soucis d'argent, les relations avec les familles et belles-familles... Maintenant, tout cela est fait.

C'est certain qu'il y a des choses qui changent au fil du temps, comme à toutes les étapes de la vie d'ailleurs. Si dans ma tête j'ai encore 60 ans, je n'ai plus l'énergie que j'avais à cet âge-là. Aller voir un film à 21 heures et finir la soirée en prenant un verre entre amis, c'est terminé. Nous allons voir les films à 19 heures ou même plus tôt si possible, puis on rentre. Je n'ai jamais pris un coup, mais c'est fini les doubles martinis en apéro, additionnés de vin au repas. Un verre de vin en mangeant, ça, je peux encore. Les gens de notre âge autour de nous vivent la même chose. On devient très modéré avec le temps...

Il n'y a pas si longtemps, il me semble, nous organisions un party le 31 décembre à la maison pour une trentaine de personnes. Puis, nous avons changé la formule et faisions un repas à table pour douze invités. Douze, c'est encore beaucoup. Je n'ai plus l'énergie.

On devient aussi moins efficace. Notre mémoire immédiate nous joue des tours. Je dois faire une liste d'épicerie pour aller acheter quelques items. Je dois aussi me faire des aide-mémoire pour le travail, par exemple. Je n'avais pas besoin de faire cela avant. On est moins habile, moins agile et c'est plus facile de tomber. Il faut faire attention et aller plus lentement. Heureusement que je fais mes exercices, si j'arrêtais, ce ne serait pas fameux. Et puis, à l'occasion, j'oublie des choses ou des noms propres, cela me fâche et je deviens subitement impatiente. Mais bon, on arrive toujours à faire ce qu'on veut. Il faut juste se donner un peu plus de temps. Parfois, c'est étrange de me regarder dans la glace et de me surprendre à voir le visage de ma mère à mon âge. Mais je n'en fais pas une obsession.

Je ne peux plus nager comme avant. Avec le temps, j'ai développé une allergie au chlore. Je ne nage plus dans les piscines. Maintenant, nous allons à la mer l'hiver. Ce sont de belles vacances au chaud, sans rien devoir planifier et sans faire la bouffe, juste lire, nager et marcher.

Par contre, je suis toujours contente le matin. J'ai en tête mon agenda de la journée qui pourrait faire facilement quatre jours, en fait. Bien sûr, le soir, ma liste de choses à faire est encore longue, le ménage de mon bureau, par exemple, qui est dans un état lamentable, plein de piles de livres, de documents. Cela m'embête, mais je n'y fais pas vraiment attention. Parfois, j'ai des obligations qui me pèsent un peu. Vous savez, toutes ces réunions et tous ces comités. J'avoue avoir toujours hâte que la journée soit terminée ces jours-là. Mais, avec l'âge, il y a des avantages, je me suis organisée pour ne faire que ce qui me tente vraiment. Mais pas de lecture liée au travail le soir, faute de quoi le sommeil se dérobe.

*Admettons que ce n'est pas la paresse qui vous guette. Comme retraitée, vous pourriez faire mieux...*

Ma retraite, ce n'est pas un grand succès. Je dis l'avoir prise en juillet 2000 [rire]... J'accepte encore de voir d'anciens clients et je fais toujours de la supervision auprès de collègues psychologues. Ces petits groupes d'échange contribuent à l'enrichissement de tous, en même temps qu'ils offrent un certain recul sur des problématiques plus difficiles. Je donne encore des sessions de formation : entre autres sur ce qu'on nomme fatigue de compassion, un genre d'épuisement moral propre aux soignants. J'aime aussi écrire des articles et lire sur la psychologie. En ce moment, avec des collègues, nous préparons un colloque sur les approches corporelles en psychothérapie. À l'automne 2014, en collaboration avec une jeune psychologue, Sylvie Boulanger, j'ai publié un livre sur le développement du psychothérapeute*.

Je ne comprends pas cette culture de la retraite dès 55 ou 60 ans, alors qu'aujourd'hui nous pouvons espérer vivre jusqu'à plus de 90 ans. C'est long, 30 ans ! Il faut s'occuper, avoir des projets, voir du monde, voir des choses... Prendre sa retraite après avoir exercé une profession que nous avons choisie, qui nous a stimulés, c'est la déprime assurée au cours des deux ou trois années qui suivent la courte période d'euphorie. Pourquoi ne pas explorer une autre carrière si la présente ne convient plus ? Trop souvent, on nous fait voir la retraite comme des vacances perpétuelles.

Et il y a, à l'autre extrémité du spectre, une surreprésentation dans les médias de personnes âgées malades ou dépendantes. C'est vrai que les personnes

* *Évolution du psychothérapeute et de son modèle*, 2014, Carte blanche.

âgées sont nombreuses à vivre dans une situation de dépendance, et c'est triste, mais c'est peut-être le cas de 10 % seulement de la population des personnes âgées.

Dans notre cercle d'amis, nous voyons, bien sûr, des gens malades. Pour nous, il est important de nous occuper des amis malades et de ceux qui perdent un proche, un conjoint ou une conjointe. Une sorte d'entraide toute douce, toute discrète. J'ai connu ce genre d'entraide quand Yvan était malade et c'est ce qui m'a permis de passer à travers cette période difficile.

*Janine, vous voulez bien nous parler de votre père et de vos projets ?*

Je dois beaucoup à mes parents, surtout à mon père. Pour lui, il était important que les filles étudient. Il était très avant-gardiste. Nous étions dix enfants, six filles, quatre garçons, et je suis l'aînée. Mon père disait que la vie serait plus difficile pour les filles que pour les gars. Sa mère avait eu 19 enfants et il trouvait que les gars pouvaient plus facilement se la couler douce. C'est grâce à mon père que j'ai étudié. À cette époque, ce n'était pas très admis pour les filles de faire de longues études. Un grand-oncle, prêtre et curé de paroisse m'avait prévenue : Dans ma paroisse, les filles instruites ne trouvent pas à se marier. Je lui avais rétorqué que ces hommes étaient trop bornés pour mériter une femme instruite. J'en ris maintenant, mais cela m'avait ulcérée. À l'exception d'une de mes sœurs, qui est décédée avant la trentaine, nous avons tous fait des études universitaires et connu de belles carrières.

C'est vrai que j'ai toujours de nouvelles idées. Des projets d'écriture, j'en ai même beaucoup. Il me reste combien d'années à avoir toute ma tête et assez d'énergie pour les mener à terme? Le temps commence à compter. J'y pense. Ai-je le temps d'écrire ce livre qui me tient tant à cœur? Surtout que c'est un projet d'écriture loin de mon métier et qui occupe mon esprit depuis longtemps. Ce chantier touche l'histoire du Québec et je ne suis pas historienne. Cela me demanderait beaucoup de travail. Entre-temps, j'ai un autre projet d'écriture qui avance. Celui-là, je pense bien pouvoir le finir. Je prépare aussi un article comme coauteure qui sera publié dans la *Revue québécoise de psychologie*. Bon, je ne parlerai pas de tout ce qui mijote sur le feu...

# Table des matières

# MARQUIS

Québec, Canada

MIXTE
Papier issu de
sources responsables
FSC® C103567

Imprimé sur du Rolland Opaque, contenant 30% de fibres
postconsommation, fabriqué à partir d'énergie biogaz,
certifié FSC® et ÉCOLOGO.

PERMANENT

30%